- 教育部人文社会科学研究"外部冲击下中国主要金融市场风险传染机制研究：基于复杂网络的空间视角（20YJC790144）"项目资助
- 湖北经济学院学术专著出版基金资助

供给侧视角下人民币汇率传递的非对称性研究

Asymmetric RMB-Dollar Exchange Rate Pass-through from the Perspective of Supply Side

王　怡/著

中国财经出版传媒集团
经济科学出版社
Economic Science Press

图书在版编目（CIP）数据

供给侧视角下人民币汇率传递的非对称性研究/王怡著.—北京：经济科学出版社，2020.10
ISBN 978-7-5218-1982-3

Ⅰ.①供… Ⅱ.①王… Ⅲ.①人民币汇率-研究 Ⅳ.①F832.63

中国版本图书馆 CIP 数据核字（2020）第 201588 号

责任编辑：何　宁
责任校对：王苗苗
责任印制：李　鹏　范　艳

供给侧视角下人民币汇率传递的非对称性研究
王　怡　著
经济科学出版社出版、发行　新华书店经销
社址：北京市海淀区阜成路甲 28 号　邮编：100142
总编部电话：010-88191217　发行部电话：010-88191522
网址：www.esp.com.cn
电子邮箱：esp@esp.com.cn
天猫网店：经济科学出版社旗舰店
网址：http://jjkxcbs.tmall.com
北京季蜂印刷有限公司印装
710×1000　16 开　10.25 印张　160000 字
2020 年 12 月第 1 版　2020 年 12 月第 1 次印刷
ISBN 978-7-5218-1982-3　定价：42.00 元
（图书出现印装问题，本社负责调换。电话：010-88191510）

前　　言

“十四五”时期，我国进出口产业发展既有坚实基础，也面临严峻挑战。由于经济全球化进程的不断加快，我国积极融入世界经济。在过去的“十三五”时期，我国已大力提倡通过供给侧结构性改革来改变外贸发展方式。《对外贸易发展“十三五”规划》强调，“以推进供给侧结构性改革为主线，以推进‘一带一路’建设统领对外开放，大力实施优进优出战略，加快转变外贸发展方式，调结构转动力，巩固和提升传统竞争优势，培育竞争新优势，推动外贸向优质优价、优进优出转变，巩固贸易大国地位，推进贸易强国进程”。

汇率是宏观经济发展的重要指标之一，它的变动对于一国进出口贸易、国际收支、资源配置、物价水平等都会产生巨大影响。随着汇率制度的不断创新，汇率市场化的程度也在逐渐提高，人民币对美元波动区间不断扩大，汇率市场化步伐逐渐加快。汇率变动最直接的表现就是反映在价格变动上，因此本书着眼于汇率变动对价格变动的传递效应，具有十分重要的研究价值。

此外，在供给侧结构性改革的大背景下，中国宏观经济运行的变量走势和宏观经济政策措施正在发生深刻变化，在独特宏观经济背景和人民币汇率市场化、人民币国际化的大趋势下，如何把握供给侧结构性改革与汇率制度改革、汇率政策制定的关系就显得十分必要。

因此，本书在全面研究人民币汇率对价格的传递效应的基础上，分别探讨了当人民币汇率升值和贬值、人民币汇率大幅波动和小幅波动、短期和长期、人民币汇率制度改革前和改革后汇率对价格传递的不同效应，给出了在这八种不同情形下中国人民银行（以下简称“央行”）汇率政策和进出口产业政策的不同建议，对中国经济运行和宏观调控具有较强的现实指导意义。

一般来说，汇率主要通过两个途径来影响价格，从而影响宏观经济。一是汇率通过影响进口价格水平，进而影响一国贸易收支和各个行业的发展，这条途径称为直接传递；二是汇率通过影响进口价格水平，从而带来一国国内物价水平的变化，并进一步影响到国内汇率政策和货币政策的制定和执行，这条途径称为间接传递。不管是哪一条途径，汇率都是通过先影响价格水平，再影响宏观经济发展的，因此价格水平是我们考察汇率变动对宏观经济影响的关键因素。

首先，为了解决汇率是如何影响价格这个问题，本书的第 2 章对现有的汇率传递的理论和文献进行了详细的整理和归纳，归纳出两条主线贯穿整书。第一条主线是从汇率对价格的传递效应的角度，分为直接传递效应和间接传递效应。汇率对价格的直接传递指的是汇率对进口商品价格的传递，进口商品价格包含了进口最终消费品价格和进口中间投入品（原料与半成品）价格。而汇率对价格的间接传递则是指汇率通过进口价格和其他因素进一步影响国内商品价格，这里国内商品价格主要指生产者价格和消费者价格。第二条主线是以第一条主线为基础，从汇率理论发展的角度进行的归纳，讨论了涉及汇率对进口价格和国内价格传递的相关理论，第二条主线分为三类：汇率完全传递理论、汇率不完全传递理论以及汇率非对称传递理论。本书第 3 章则是在第 2 章的基础上推导出了汇率完全传递、不完全传递和非对称传递的理论模型。

其次，本书的第 4 ~ 6 章均是在第 2 章整理出的汇率传递的两条主线，以及第 3 章的汇率非对称传递的三种模型之上，沿着两条主线的轨迹，运用三种模型，展开了相应的实证研究。这三章分别从汇率波动方向、汇率波动幅度和时间的角度对人民币汇率传递的非对称效应进行了实证检验，并详细地分析了导致实证结果非对称的原因。

最后，本书第 7 章给出了全书的研究结论，并得出以下政策建议：一是稳步推进汇率市场化改革，逐步扩大人民币汇率浮动区间。二是增强经济发展自主性，减少汇率对进口价格冲击的风险。三是完善资本流动监测预警体系，引导人民币汇率“常态化”变动预期。四是稳步渐进推进人民币汇率形成机制改革。五是避免人民币汇率短期大幅波动，合理制定长期贸易政策。六是合理选择汇率制度。七是向有管理的浮动汇率制度平稳“过渡”。八是加快供给侧结构性改革步伐，促进经济发展方式转型升级。

由于本人水平有限，时间仓促之下难免有不少错漏，还望读者能够耐心批评指正。欢迎读者朋友访问个人主页（http：//jrxy. hbue. edu. cn/db/30/c621a121648/page. htm），共同探讨学术话题。也可关注本人“今日头条”财经专栏号“薏涵老师讲金融”，一起学习交流金融经典和热点话题，在金融学习的道路上共同进步！

王 怡

2020年8月10日

目　　录

第1章　绪　　论

1.1　选题背景与研究思路

“十三五”时期，我国不仅巩固了贸易大国的地位，同时在贸易结构、进口产品议价权以及出口产品国际竞争力方面也取得了积极进展。《对外贸易发展“十三五”规划》中强调“以推进供给侧结构性改革为主线，以推进‘一带一路’建设统领对外开放，大力实施优进优出战略，加快转变外贸发展方式，调结构转动力，巩固和提升传统竞争优势，培育竞争新优势，推动外贸向优质优价、优进优出转变，巩固贸易大国地位，推进贸易强国进程”。

然而“十四五”时期，我国进出口产业发展既有坚实基础，也面临严峻挑战。2020年，全球爆发新型冠状病毒性肺炎疫情对全球经济造成极大打击，中美贸易摩擦不断升级，国际经贸关系更加复杂，且我国经济发展进入新常态，传统比较优势减弱，产业和订单向周边国家转移，我国进出口产业发展的国际环境和国内发展条件发生深刻变化。同时，我国依然存在许多有利条件，进出口产业发展长期向好的基本面没有改变，与发达国家、发展中国家的产业互补优势没有改变，外贸结构调整和动力转换加快的趋势没有改变。因此，“十四五”时期，我国对外贸易的工作重点应逐步转向建立新的内生增长驱动模式，以更多市场化改革的方法，促进制造业的发展和企业竞争优势的提升，巩固和提高中国制造业的竞争力和进出口企业的经营能力，通过促进我国外贸稳定增长，使我国逐步发展成为贸易强国。

在此供给侧结构性改革的大背景下，我国宏观经济运行的变量走势和宏观经济政策措施也正在发生深刻变化。随着经济全球化进程的不断加快，中国积极融入世界经济。根据国家统计局数据显示，至2019年底我国进出口贸易总额达31.54万亿元，其中出口17.23万亿元，进口14.31万亿元，进出口、出口、进口规模均创历史新高，而对外依存度也达到了31.83%①。人民币汇率制度改革（以下简称“汇改”）也经历了不断深化的过程，形成机制变得更富有弹性。从1994年汇改之后，人民币汇率制度单一钉住美元。2005年“7·21”汇改之后，中国转向实行以市场供求为基础、参考“一篮子”货币政策进行调节、有管理的浮动汇率制度。与此同时，人民币汇率市场化的程度也在逐渐提高，先后在2007年5月21日、2012年4月16日、2014年3月17日将银行间外汇市场人民币对美元波幅扩大到0.5%、1%和2%。至此之后人民币汇率市场化的步伐逐渐加快。2015年“8·11”汇改更是调整了人民币对美元汇率中间价报价机制，做市商参考上日银行间外汇市场收盘汇率，向中国外汇交易中心提供中间价报价。这一调整使得人民币兑美元汇率中间价机制进一步市场化，更加真实地反映了当期外汇市场的供求关系。

目前来看，人民币汇率的波动越来越频繁，汇率与价格水平之间的联动关系也越来越复杂，随着人民币汇率市场化的进程不断加快，人民币汇率波动幅度也在不断提高。汇率作为国际贸易之间的重要桥梁，是联系实体经济和金融市场的纽带，对于探讨汇率变动对国际贸易和国内物价变动的影响十分重要。因此，在独特的供给侧结构性改革、人民币汇率市场化、人民币国际化的宏观经济背景下，需要我们全面地去研究汇率传递效应，如何把握进出口产业政策与汇率制度改革、汇率政策制定之间的关系，如何做到“降成本、补短板”就显得十分必要。

一般来说，汇率主要通过两个途径来影响价格，从而影响宏观经济。一是汇率通过影响进口价格水平，进而影响一国贸易收支和各个行业的发展，

① 对外依存度=进出口总额/国内生产总值。

这条途径称为直接传递。二是汇率通过影响进口价格水平，从而带来一国国内物价水平的变化，并进一步影响到国内汇率政策和货币政策的制定和执行，这条途径称为间接传递。不管是哪一条途径，汇率都是通过先影响价格水平，再影响到宏观经济发展的，因此价格水平是我们考察汇率变动对宏观经济影响的关键因素。

为了解决汇率是如何影响价格这个问题，本书的第 2 章对现有的汇率传递的理论和文献进行了详细的整理和归纳，并总结出其中的规律。通过现有的文献，本书归纳出两条主线，从而贯穿整书。

第一条主线是从汇率对价格的传递效应的角度，分为直接传递效应和间接传递效应。汇率对价格的直接传递指的是汇率对进口商品价格的传递，进口商品价格包含了进口最终消费品价格和进口中间投入品（原料与半成品）价格。而汇率对价格的间接传递则是指汇率通过进口价格和其他因素进一步影响国内商品价格，这里国内商品价格主要指生产者价格和消费者价格。人民币汇率变动通过直接传递机制分别影响进口最终消费品价格和进口中间投入品（原料与半成品）价格。一方面通过进口最终消费品价格与生产者价格和其他因素的共同作用，最终间接影响到消费者价格；另一方面进口中间投入品（原料与半成品）价格通过生产成本机制影响生产成本，从而对生产者价格产生间接影响。而人民币汇率变动也会通过收入机制影响出口额，通过替代机制影响替代品和非贸易品，并最终间接影响消费者价格。人民币汇率变动也会通过货币工资机制影响到居民工资水平，进而影响生产成本，从而间接影响生产者价格和消费者价格。另外，人民币汇率变动通过预期机制影响到汇率波动的预期变化，并通过资产价格机制进一步影响资产流入的变化，从而通过货币供应机制影响央行冲销带来的货币流通量的变化，并通过全社会货币流通量的变化来影响消费者价格。

第二条主线是以第一条主线为基础，从汇率理论发展的角度进行了归纳，讨论了涉及汇率对进口价格和国内价格传递的相关理论。第二条主线分为三类：汇率完全传递理论、汇率不完全传递理论以及汇率非对称传递理论。

最初研究汇率传递的是完全传递理论，分为一价定律和购买力平价理论，购买力平价理论又可以分为绝对购买力平价理论和相对购买力平价理论。一价定律认为在不考虑运输成本、贸易壁垒以及资本流动的情况下，同一种商品在不同国家出售，其价格用同一种货币表示时应该是一致的。在这种情况下，货币升值（或贬值）会同比例降低（提高）进口商品的价格，不存在非对称的情况。绝对购买力平价理论则是继承了一价定律的思想，将汇率表示成两国货币购买力水平的比率，而根据货币购买力与国内物价成反比例的关系，绝对购买力平价中汇率可以表示成两国物价的比率。在绝对购买力平价理论中，汇率的变化会同比例传递到国内物价水平上，即汇率的物价传递效应为1，即完全传递。相对购买力平价理论放松了绝对购买力平价理论的一个假设，即两国间商品套利无成本，相对购买力平价理论不再要求商品套利无成本，只需要成本保持不变即可。于是相对购买力平价理论采用两国物价上涨的程度来衡量两国之间汇率的波动，这样汇率的变动完全反映在两国物价的涨幅上，汇率的物价传递效应也为1，即完全传递。

由于一价定律和购买力平价理论建立了较为严格的假设条件，忽略了现实中非贸易品在经济发展中的重要地位，同时也忽略了交易成本、贸易壁垒、政策变化、供给冲击以及货币冲击等因素导致的一价定律和购买力平价的偏离，因此有关汇率不完全传递的理论应运而生。

本书筛选出了汇率对进口价格和国内商品价格有影响的相关理论，从微观和宏观两个层面来分析汇率直接传递和间接传递不完全的原因。从微观角度来讲，主要有依市定价、市场结构、沉没成本以及跨国公司内部交易和非关税壁垒等因素影响汇率的不完全传递；从宏观角度来讲，主要有通货膨胀环境、汇率波动性等因素影响汇率的不完全传递。

从微观角度来看，克鲁格曼（Krugman，1987）提出了依市定价理论（pricing to market，PTM），指出垄断厂商能够按照不同市场进行差别定价，而这会导致价格传递效应的不完全和不稳定，汇率变化时一方面可以通过改变价格加成来吸收汇率冲击，另一方面通过改变市场份额来保持利润。多恩布什（Dornbusch，1987）和费雪（Fisher，1989）则发现在存在古诺竞争的市场结构时，竞争程度越大或进口份额比重越大的产业，其汇率传递效应越高。而杨（Yang，1997）则发现产品替代程度越高，汇率传递效应越低。鲍德温（Baldwin，1988）提出了沉没成本理论，他认为厂商投入外国的成本是沉没成本，只有当预期收益大于沉没成本时，才会选择进入市场；由于沉没成本的存在，较小的汇率波动不会导致厂商做出进入市场或退出市场的决策行为，而当汇率波动较大时才会导致外国厂商进入本国，从而带动汇率回归到初始水平，因此汇率的传递是不完全的。霍姆斯（Holmes，1978）和格拉斯曼（Grassman，1973）指出了跨国公司内部交易和非关税壁垒对汇率传递效应有影响，其中内部汇率和内部弹性交易支付时间的存在使得跨国公司可以避开汇率波动的时间段，从而规避汇率负面传递效应的损失，这样就产生了不完全传递。

从宏观角度来看，泰勒（Taylor，2000）提出了在高通货膨胀制度下汇率传递效应更高的结论，从而将通货膨胀环境与汇率传递联系在了一起。乔杜里和哈库拉（Choudhri and Hakura，2006）、马丽亚·多洛雷斯（Maria - Dolores，2010）、德弗罗和耶特曼（Devereux and Yetman，2002）的结果均支持了泰勒（2000）的假说。曼恩（Mann，1986）则认为汇率波动性的高低、幅度和持久性会通过影响进口厂商的定价行为来影响汇率传递效果。

随着开放宏观经济学的进一步发展，汇率传递理论便不只是局限于探讨汇率的传递是否完全，而是更进一步探讨有哪些形式的不完全传递，这就衍生出了汇率非对称传递的相关理论。而本书则将汇率非对称传递的理论从三个方面进行了梳理：第一，汇率波动的方向是如何影响汇率传递的，即当汇率升值和汇率贬值同等程度时，对价格的传递效应是否会不一样；第二，汇率波动的幅度是如何影响汇率传递的，即当汇率波动幅度较大和较小时，对价格的传递效应是否会不一样；第三，时间的变化是如何影响汇率传递的，即在短期和长期汇率传递效应是否会不同，在结构性突变前与结构性突变后汇率传递效应是否会不同。

在梳理了汇率传递理论是如何发展至汇率非对称传递理论之后，本书第2章对国内外汇率非对称传递效应的实证检验做出了概述，并且分别从上述汇率非对称传递理论的三个方面讨论了现有实证研究得出的汇率非对称传递的结论。基于现有的大量的国外研究表明，汇率传递可能在方向、幅度和时间上存在非对称，以及已有的人民币汇率传递的研究表明人民币汇率对价格的传递存在非对称效应，本书试图从方向、幅度和时间这三个角度全面地探讨汇率直接传递的非对称性和汇率间接传递的非对称性。已有的研究人民币汇率传递的文献中仅有从其中一个角度或几个角度研究人民币汇率传递非对称的，但尚未有文献从方向、幅度和时间三个角度全面地探讨人民币汇率直接传递和间接传递的非对称这个问题的。因此，这也是本书的一大创新。

本书的第 3 章则是根据汇率传递非对称的理论，分别整理出了在方向、幅度和时间角度的理论模型。指出汇率传递非对称理论的核心要点在于判断不同情况下汇率对价格传递的弹性系数的符号和大小。

本书的第 4 ~6 章均是在第 2 章整理出的汇率传递的两条主线，以及第 3 章的汇率传递非对称的三种模型之上，沿着两条主线的轨迹，运用第 3 章中的模型，展开了相应的实证研究。这三章分别从汇率波动方向、汇率波动幅度和时间的角度对人民币汇率传递的非对称效应进行了实证检验。并详细地分析了导致实证结果非对称的原因。

本书的最后一章即第 7 章则是对前文进行了总结，并根据前文的实证检验结果重点给出了相应的汇率制度选择、汇率政策、汇率风险防范和供给侧结构性改革的相关建议。

1.2 研究目的与意义

本书之所以选择研究人民币汇率传递的非对称性主要有以下几个原因：

第一，国外研究汇率传递的方向已渐渐转移至研究汇率传递的非对称性上，而现有的研究人民币汇率传递的文献较少有研究人民币汇率非对称传递的。

第二，现有的少量研究人民币汇率非对称传递的文章均只是从方向、幅度或时间中的一个或两个角度研究汇率的直接传递效应或间接传递效应，而没有文献将直接传递、间接传递和方向、幅度、时间这两条主线串联起来进行全面的分析。

因此，本书的研究目的旨在将直接传递、间接传递和方向、幅度、时间这两条主线串联起来，在现有文献的基础上，详细地梳理这两条主线的相关理论和实证研究，将汇率传递非对称的理论研究和实证研究进行全面的概括，并采用恰当的方法对直接传递和间接传递从方向、幅度和时间的角度进行全面的实证检验，从而期望回答出人民币汇率的直接传递和间接传递在方向、幅度和时间上是否存在非对称性的问题，进而回答这些非对称性对进出口产业政策的影响。

就理论意义而言，本书全面梳理了目前国内外汇率非对称传递的相关理论和实证文献，在前人的基础上从汇率传递的方向、幅度和时间角度建立了相关的理论模型，并依据上述理论和模型运用最新的计量方法进行了实证研究。因此，本书综合考察了人民币汇率非对称传递研究中较为重要的三个角度。

就实际意义而言，在供给侧结构性改革的大背景下，中国宏观经济运行的变量走势和宏观经济政策措施正在发生深刻变化，在独特宏观经济背景和人民币汇率市场化、人民币国际化的大趋势下，如何把握供给侧改革与汇率制度改革、汇率政策制定的关系就显得十分必要。本书全面研究并掌握人民币汇率对价格的传递情况，通过分别探讨当人民币汇率升值和贬值、人民币汇率大幅波动和小幅波动、短期和长期、汇改前和汇改后汇率对价格传递的不同效应，并给出在这八种不同情形下央行汇率政策和进出口产业政策的不同建议，对中国经济运行和宏观调控具有较强的现实指导意义。

1.3　本书结构安排

本书全面研究了人民币汇率传递的非对称性问题，结构安排如图 1 - 1 所示。

提出问题
文献和
理论准备
分析问题
解决问题
第1章　绪论
（选题背景与研究思路、研究目的与意义、本书结构安排）
第2章　汇率传递的文献回顾
（全面回顾与梳理汇率传递理论的发展与现状、本书的创新）
第3章　理论模型
（总结在汇率波动方向、幅度和时间上的
汇率非对称传递理论模型）
第4章　基于汇率波动方向的实证研究
（运用非线性自回归分布滞后模型进行分析）
第5章　基于汇率波动幅度的实证研究
（运用B样条回归模型进行分析）
第6章　基于时间角度的实证研究
（运用小波分析模型进行分析）
第7章　结论及政策建议
（为汇率制度选择、汇率政策制定和供给侧改革提供政策建议）

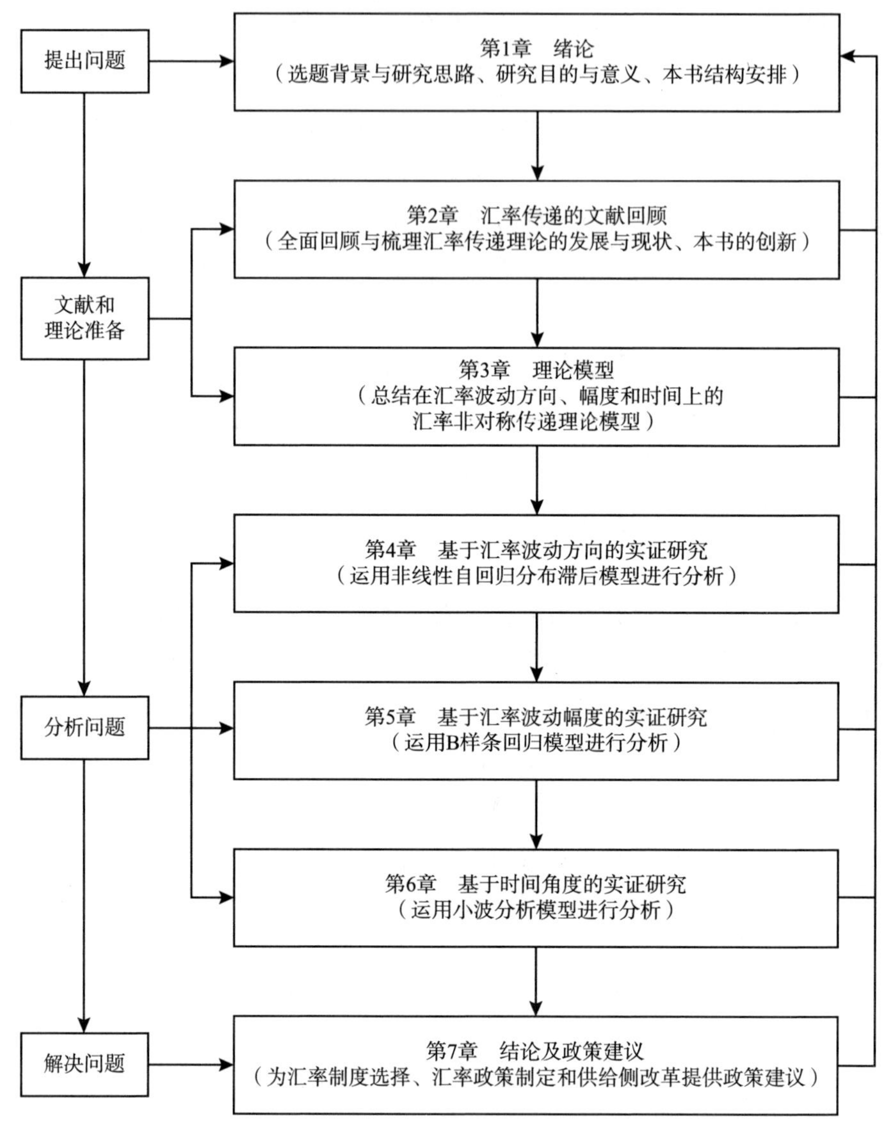

图1－1　本书结构安排

第 2 章　汇率传递的文献回顾

2.1　汇率传递的含义

汇率传递（exchange rate pass-through）是用来描述汇率变动对进出口贸易国相关价格的调整作用，主要是指汇率变动一个单位会给本国相关价格带来多大程度的影响。在开放经济条件下，汇率波动会通过价格机制来影响一国实施宏观调控的效果，因此，汇率传递有利于理解国内各种价格的变化。由此可见，汇率传递是理解汇率和实体经济如何相互作用的重要因素，是联系金融市场与实体经济的重要桥梁。

目前，关于汇率传递的概念界定尚未达成统一的共识。早期，科瑞尼（Kreinin，1977）将汇率传递定义为汇率变动对进口价格水平（以本国货币计价）和出口价格水平（以外国货币计价）变动的影响程度。后来，戈德堡和克内特（Goldberg and Knetter，1997）将汇率传递定义为进出口国的汇率变动一个百分点，所引起的以进口国货币表示的进口价格变动的百分比，进口价格的变化进而会影响生产者价格和消费者价格，从而影响进口国的总体价格水平。随着宏观经济学的不断发展，汇率传递的概念得到了进一步发展。奥布斯特弗尔德和罗戈夫（Obstfeld and Rogoff，2000）认为，汇率传递应该分为两部分，一是汇率波动对进出口价格变化的影响，二是进出口价格变化通过各种渠道对国内价格水平的影响。其中汇率波动对进口价格的影响称为直接传递效应，而对国内价格水平的影响称为间接传递效应。

国内也有不少学者对汇率传递给出了不同的定义。封北麟（2006）指出汇率传递是指汇率的升值与贬值是如何通过直接渠道和间接渠道来影响国内价格。其中直接渠道是指汇率通过影响进口最终消费品和进口中间品的价格来引起国内价格的改变；而间接渠道是指汇率通过影响净出口，进而影响总需求，从而带来价格变化。这与奥布斯特弗尔德和罗戈夫（2000）提出的直接传递和间接传递稍有不同。封北麟（2006）认为汇率传递效应的程度和速度依赖于许多因素，例如，市场结构、定价策略、通货膨胀环境、贸易与非贸易品的构成比例以及价格指数中进口商品的相对份额等均是影响因素。白钦先和张志文（2011）则将汇率传递仅仅定义为进口价格对本币汇率变动的反应程度。倪克勤和曹伟（2009）的定义与奥布斯特弗尔德和罗戈夫（2000）大致相同，即汇率传递描述了汇率每变化一个单位对一国进出口商品价格和国内物价水平的影响程度。

目前国内外关于汇率传递概念的界定尚未达成统一的共识，本书则根据奥布斯特弗尔德和罗戈夫（2000）的定义，从分配链（distribution chain）的角度，将汇率传递分为两类：第一类是汇率波动对进口商品价格的传递效应；第二类是汇率变动对国内商品价格（包括生产者价格和消费者价格）的传递效应。其中对进口商品价格的汇率传递称为直接传递，而对国内商品价格（包括生产者价格和消费者价格）的汇率传递称为间接传递。

2.2 汇率传递的途径

汇率传递的途径主要分为直接传递和间接传递。最初关于汇率传递的研究主要集中于汇率直接传递，主要考察的是汇率变动对进口商品价格的影响。如科瑞尼（Kreinin，1977）最早使用“自然实验”的方法来估计汇率传递的程度，通过控制其他变量，采用相对进口国汇率不发生变化的第二个进口国的进口价格来考察汇率对进口国进口价格的影响。克鲁格曼（1987）和多恩布什（1987）则就汇率变动对进口商品价格的不完全传递做出了微观解释。奥佩尔和曼恩（Hooper and Mann，1989）在他们的文献中讨论了汇率变动对进口价格在时间上和程度上有何种影响的问题。戈德堡和克内特（1997）则回答了为什么日元兑美元汇率在 1994 ~ 1995 年这段时期剧烈的变化却没有导致美国进口商品价格的巨大变化。彭宁斯（Pennings，2017）则进一步探讨了进口商品价格受竞争对手国汇率的影响机制，并发现市场份额越大的对手国其汇率传递效应越大。周（Chou，2019）则检验了汇率对进口价格传递的时变性质。

后来的研究开始关注汇率间接传递，考察汇率变动对国内商品价格的影响。较有影响力的研究有范伯格（Feinberg，1986；1989）和宇（Woo，1984）。后来金（Kim，1998）发现在美国汇率变化对生产者价格指数（PPI）在长期有负面的预期影响。麦卡锡（McCarthy，1999）考察了工业国家汇率变动对国内生产者价格指数（PPI）和消费者价格指数（CPI）的影响，并发现在布雷顿森林体系时期这些外部因素对国内价格的影响是温和的。随后的研究大多数则是在上述两篇文献的基础上进行了拓展。如亨特和施罗德（Hufner and Schroder，2002）分别分析了德国、法国、意大利、西班牙和芬兰的汇率变动对本国消费者价格水平的影响，并发现芬兰的传递速度最快，而意大利和法国的长期影响最大，汇率传递的效果随着分配链而递减，即对进口价格的影响大于对本国消费者价格的影响。佐尔齐、哈恩和桑希（Zorzi，Hahn and Sanchz，2007）则分析了亚洲、拉丁美洲和中东欧 12 个新兴市场国家的汇率传递并发现汇率对消费者价格的传递在新兴市场国家比在发达国家的效应更大。沙威·夏布和卡恩（Savoie - Chabot and Khan，2015）详细讨论了汇率对消费者价格传递的各种机制和最新经验证明，并分析了这些机制对加拿大货币政策的指导意义。哈、斯托克和伊尔马兹库迪（Ha，Stocker and Yilmazkuday，2020）则分析了外部冲击对汇率及消费者价格传递的影响机制，并认为货币政策冲击能带来更高的汇率传递。

国内学者关于汇率传递途径的研究也很多，同样也包括了对直接传递和间接传递的研究。对进口价格的汇率传递的代表性研究有：许伟和傅雄广（2008）检验了人民币汇率对进口价格的传递效应；毕玉江（2008）也检验了人民币对进口价格的传递效应，发现短期内汇率传递受成本的影响较大，而长期内则受供给与需求因素的影响更大；杜运苏和赵勇（2009）基于本国企业和外资企业这两种企业类型发现了人民币汇率变动对进口价格水平的传递程度不同；而杜运苏（2010）则发现在一般贸易、进料加工和来料加工装配这三种贸易方式中，人民币汇率变动对进口价格水平的传递程度差异很大；储成兵（2012）考察了 2005 年 8 月 ~2011 年 10 月人民币汇率变动对中国农产品行业进口价格的传递效应，结果显示存在不完全汇率传递；范科才、李子扬和李欣（2019）发现人民币汇率变动对进口价格的传递存在显著的非对称性，人民币贬值的传递作用显著大于人民币升值的传递作用，即使在 2005 年汇改之后也没有改变这一关系。而尹晓娜、李静萍和苏志伟（2020）则发现人民币汇率对进口价格的传递效应具有结构性突变的特点，特别是在 2005 年汇改之后出现了汇率传递系数由负转正的现象。

国内的研究中关于汇率对生产者价格和消费者价格传递的代表性文献有：陈六傅和刘厚俊（2007）指出人民币有效汇率对我国消费者价格的影响显著，但影响程度非常低，且在低通货膨胀时期，汇率对消费者价格传递效应会减小；施建淮、傅雄广和许伟（2008）则发现人民币名义有效汇率对工业品出厂价格和消费价格水平的传递效应存在滞后性，且 2005 年汇改后人民币升值对降低通胀有显著效果；而白钦先和张志文（2011）则发现人民币汇率变动对于 CPI 的影响非常有限，且 2005 年汇改后依然如此；杨宇俊、门明和李伟平（2009）分别比较了人民币名义有效汇率对中国 PPI 和 CPI 的影响，结果发现人民币汇率变动对 PPI 的传递效应要大于对 CPI 的传递效应；贺本岚等（2017）则分析了人民币汇率对上中下游不同价格及其细分行业价格的传递机制，发现汇率变动对木材、化学、纺织等劳动密集型行业的价格传递较为显著，而对能源、黑色金属、有色金属等矿产类行业的价格传递不明显。

2.2.1 汇率直接传递

早期关于汇率传递的研究主要考察的是汇率波动对进口商品价格的影响。汇率变动通过影响进口商品价格水平，进而影响一国贸易收支及国内商品价格水平的机制称为汇率直接传递。汇率直接传递描述了名义汇率变动一个单位会引起一国进口价格水平变动多大的程度。

一般来说，汇率一旦发生变动，它对进口价格水平的影响应该是最直接的，而国内的价格水平则会被间接影响。汇率直接传递的程度同时依赖于宏观和微观经济因素，如进口国对商品需求弹性的影响、两国之间产品的替代程度、边际成本对产出的弹性、出口商所占市场份额等因素都会对汇率传递的效应产生不同程度和不同方向的影响。

一方面，进口价格直接受到汇率变动的影响，另一方面进口价格又被当作汇率对国内价格变动传递的桥梁，因此，汇率对价格传递的具体作用机制体现在以下两个方面：

首先，汇率波动直接影响进口商品中所包含的最终消费品价格。因为消费者价格指数在编制的过程中既包含了贸易品价格指数，也包含了非贸易品价格指数。其中，贸易品价格指数又可以分为国内贸易品价格指数和进口贸易品价格指数。所以进口消费品的最终价格是被直接纳入消费者价格指数的计算中的。正因为如此，汇率变动就可以通过进口消费品的最终价格对国内消费品价格指数间接产生影响，而其影响程度则主要依赖于进口消费品在国内消费品所占份额、贸易品与非贸易品的替代弹性等因素。

其次，汇率波动会直接影响进口商品中的中间投入品的价格，包括进口原料与进口半成品的价格。谢博婕等（2014）认为，进口商品中的中间投入品需要再加工才能流入最终商品市场上，汇率变动通过影响进口原料与进口半成品的价格，从而影响到厂商的生产成本，进而引起生产者价格指数的变动，并综合其他因素共同影响到消费者价格指数（CPI）。而汇率波动对中间投入品具体影响的程度，主要取决于中间投入品在生产成本中所占份额，份额越大影响程度也越大。

2.2.2　汇率间接传递

后来关于汇率传递的研究开始关注汇率变动对国内商品价格的影响。汇率变动通过影响进口商品价格水平的变化，从而引起一国国内生产者价格水平和消费者价格水平发生变化，我们称之为汇率间接传递。与汇率直接传递效应相比，汇率的间接传递机制更加复杂，汇率变动对国内物价水平的具体影响方向也不明确，现有的理论一般认为汇率传递效应呈递减趋势，即直接传递效应大于间接传递效应，汇率变动对进口商品价格水平的影响明显大于对国内物价水平的影响。

汇率的间接传递效应有以下几方面的影响因素：第一，收入机制。汇率通过影响进出口额，从而影响到国内收入和物价水平。第二，生产成本机制。汇率通过影响进口原料与进口半成品的价格，从而影响到企业的生产成本，进而间接影响国内物价水平。第三，替代机制。汇率通过影响进口替代品的价格，从而影响企业的生产成本和国内的物价水平。第四，货币工资机制。汇率通过影响居民名义工资收入，从而引起实际工资的改变，进而通过国内需求影响国内的物价水平。第五，货币供应机制。汇率通过影响外汇收支、外汇储备和货币供应量共同对国内物价产生影响。第六，资产价格机制。汇率通过影响国内的资产价格，从而改变国内物价水平。第七，债务机制。汇率通过影响对外债务的实际支付，从而影响到国内价格。第八，预期机制。汇率通过影响公众的长期汇率预期，通过预期通货膨胀来影响国内价格水平。

2.2.2.1 收入机制

汇率的收入机制是指汇率变化通过影响进出口额，从而改变国际贸易收支，进而影响国内收入和物价水平的一种传递路径。例如，当人民币贬值时，出口增加，进口减少，国际收支顺差增大，使得社会总需求增加，从而导致人均收入增加和国内物价水平的上升。反之则反是。

2.2.2.2 生产成本机制

生产成本机制是指汇率变化通过影响进口原料与进口半成品的价格，从而改变国内厂商生产成本，进而影响到国内价格水平的传递机制。通常，本币升值通过成本机制影响国内价格的方式有两种：（1）本币升值导致进口原料与进口半成品价格的下跌，这样以进口原料与进口半成品为主的本国进口生产或加工企业的生产成本将会下降，因此，国内的生产者价格水平会下降；（2）本币升值会降低出口产品的国际竞争力，国外对出口产品的市场总需求下降，这样超出需求量的出口产品会转而在国内进行销售，从而与国内商品竞争，拉低国内消费者价格水平。所以总的来说，通过生产成本机制，本币升值会导致国内物价水平的下跌，本币贬值则会引起国内物价水平的上涨。

2.2.2.3　替代机制

替代机制是指汇率波动引起国内进口替代品价格的变化，从而间接影响到消费者价格水平的传递机制。汇率通过替代机制影响国内价格水平的方式主要有两种：（1）本币升值会降低进口商品的价格，这样国内消费者会增加对进口商品的消费，从而导致对国内进口替代商品需求的减少，促使国内物价水平下降；（2）本币升值会引起进口原料、燃料与进口半成品价格的下调，导致进口企业的生产成本下跌，这些影响将会导致贸易替代品、非贸易品以及产成品的国际竞争力发生改变，从而改变一国国内总体价格水平。所以总的来说，通过替代机制，本币升值会导致国内物价水平的下跌，本币贬值则会引起国内物价水平的上涨。

2.2.2.4　货币工资机制

货币工资机制是指汇率变动通过影响居民工资收入，从而间接影响国内价格水平的一种汇率传递方式。通常情况下，本币升值会导致进口价格的下跌，从而引起居民生活开销的下降，当名义工资没有发生改变时，居民的实际工资是上升的。实际工资的上升将会产生两个方面的效果：（1）实际工资上升导致居民的国内需求增加，而国内厂商在低廉的进口价格压力下又不愿意生产更多的商品，从而导致供需缺口进一步拉大，为了满足日益上涨的国内需求，国家不得不增加进口商品的数量，于是新一轮的低价进口品将国内物价推向更低的水平；（2）实际工资的上升将会导致企业开始考虑降低工人的名义工资收入或是减缓名义工资的上涨速度，名义工资的降低将会导致居民消费和企业货币生产成本的进一步下降，从而引起一般物价水平的下跌。所以总体来说，通过货币工资机制，本币升值会导致国内物价水平的下跌，本币贬值则会引起国内物价水平的上涨。

2.2.2.5　货币供应机制

货币供应机制是指通过外汇收支、外汇储备和货币供给三个渠道共同影响国内价格水平的一种汇率传递机制。

首先，汇率变动会影响进出口贸易。一方面，本币升值会通过生产成本机制和货币工资机制的双重作用，导致货币供应量可能出现一定程度的下降；另一方面，在外汇市场上，本币升值引起的出口下降或贸易逆差可能使中央银行减少本币的供给。因此，从这两方面来看，本币升值导致的货币供应量的下降会在一定程度上引起国内物价的下降。反之则反是。

其次，汇率变动可以影响到国内外资产的相对价格，从而对跨国资本的流动方向产生影响，进一步则会影响到外汇储备额。例如，当本币升值时，以本币衡量的资产价值会提高，国际资本出于套利的需求会大量流入本国，此时，中央银行会在外汇市场上进行干预冲销，从而导致外汇占款增加，冲销带来的货币供应量的上升最终会传导到国内价格中去，这有可能会导致国内价格的升高。反之则反是。

所以总的来说，由于上述两种机制对国内价格的效果相反，因此汇率变动对国内价格的影响存在不确定性，汇率变动会导致国内价格升高还是降低取决于这两种效果作用的相对大小。

2.2.2.6　资产价格机制

资产价格机制是指汇率波动通过改变国内的资产价格从而改变国内价格总水平的一种汇率传递机制。例如，本币升值会引起外国套利资本的流入，而外国套利资本大多流入本国的股市和楼市中，从而推高国内的股价和房价等资产价格。资产价格的不断提高，一方面可以增加公众持有资产的名义总额，通过财富效应刺激国内的消费支出；另一方面也可以改善企业的融资状况，增加企业的资金来源，并通过金融加速器效应来促进企业扩大投资。这样，总需求的提升便会进一步带动国内生产资料价格和消费品价格的攀升。所以，可以判断通过资产价格机制，本币升值会拉动国内价格的提升。

2.2.2.7　债务机制

债务机制是指汇率波动通过影响对外债务的实际支付，从而影响到国内价格水平的一种汇率传递方式。当本币升值时，本国政府和企业支付等量的外债所需要的本币数量会相应减少，这就相当于减轻了本国政府和企业所承担的债务负担。减少外债一方面有助于扩大国内有效需求，增加总需求，另一方面也将进一步推动国内价格水平。因此，通过债务机制，本币升值也会拉动国内价格水平的提升。

2.2.2.8　预期机制

汇率波动会造成公众对汇率的长期变化存在一定的预期，这种预期将会影响国内价格水平。泰勒（2000）提出了一条预期传导机制，他认为当公众预期的汇率变化在长期持续存在时，价格水平会因预期通货膨胀的调整而发生变化。

本币预期发生变化时将会从生产和消费两个方面来影响国内价格水平：（1）从生产方面来看，当一种货币升值趋势明显，并且在短时间内难以逆转时，公众将会对此货币存在升值预期，而生产者则会把升值预期所产生的生产成本以及其对国内价格水平的负面影响纳入生产函数，导致生产积极性减弱；（2）从消费方面来看，本币升值预期将会导致消费者推迟或减少即期消费，从而使得社会总需求减少。在生产和消费两方面共同作用下，社会总需求相对减少，物价水平下跌。

从经常项目和资本项目的角度来看，当本国货币币值预期发生变化时也会影响国内物价水平。（1）从经常项目来看，当本币有升值预期时说明本国货币被低估，这样本国出口产品相较于国外同质产品而言价格相对较低，从而出口产品的竞争力增强，这样就有利于本国的出口，进而导致海外需求的净增长，由于总需求的增加，国内价格将会上涨。（2）从资本项目来看，尤其是短期资本项目。由于资本项目管制不健全，本币低估会导致强烈的本币升值预期，从而导致大量短线投机资本流入，为了维持汇率稳定，中央银行势必会加大在外汇市场上的基础货币投放量，从而导致国内名义价格水平上升，加剧通货膨胀。与此同时，汇率的频繁变动也将改变投资者与投机者对汇率走势的预期，进而改变国际资本流入量，中央银行为了防止汇率剧烈波动而进行的冲销额也会改变，这也将改变国内市场的广义货币供应量，并最终影响到国内价格水平。

综上所述，当本币升值时，汇率传递会在收入机制、生产成本机制、替代机制、货币工资机制等机制的共同作用下，引起国内价格水平的降低；而在资产价格机制和债务机制的作用下，会引起国内价格水平的上涨；在货币供应机制和预期机制的作用下，国内价格水平的变动方向则不确定。所以，汇率变动对国内价格水平的传递效应，还取决于上述各种因素相互作用的结果。除了上述因素以外，进口价格还受包括两国的生产率参数、贸易商品与非贸易商品的替代弹性、进口商品所占份额等因素的影响，而通货膨胀情况、工资黏性等其他因素也会对国内价格的变动起到一定作用。因此，本书通过图2－1将汇率传递的作用机制（包括直接传递途径与间接传递途径）表示出来。

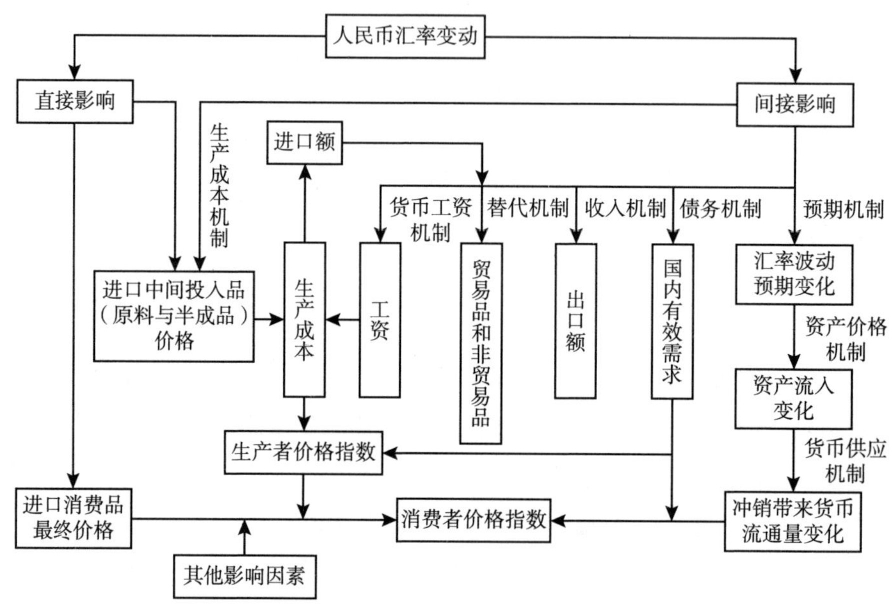

图2－1　汇率传递的作用机制

2.3　汇率传递的理论演绎

在开放经济条件下，汇率波动通过价格机制对其他宏观经济变量，如进出口贸易额、国际收支平衡、资本流动等因素产生重要影响。因此，汇率波动和价格水平之间的关系一直是学术界研究的热门话题，国内外学者均从多个角度研究过汇率传递这个问题。20世纪60年代，大量经济学家开始将研究兴趣逐渐转移到汇率传递的效果上来，他们基于一价定律、绝对购买力平价和相对购买力平价理论，借助于宏观开放经济货币模型研究汇率传递行为，得出汇率完全传递的结论。但随着20世纪70年代布雷顿森林体系的瓦解，各国汇率进入了频繁波动的牙买加体系时期，大量定性分析和定量研究都表明实际经济现象与一价定律和购买力平价理论存在偏离现象。特别是在1985 年前后，美元经历了大幅度的波动，但美国的进口价格并没有因为美元的剧烈波动而出现大幅度的变化，而是呈现相对稳定的状态，这一反常现象彻底颠覆了汇率完全传递理论，反映出汇率变化对价格的传递并不是及时和有效的。这也促使学者们开始从新的视角来研究汇率与价格的关系，一时间涌现出大量有关汇率传递研究的文献。

现有的汇率传递理论大致上可以划分为三类：第一，汇率完全传递理论，包括一价定律和购买力平价理论；第二，汇率不完全传递理论，包括依市定价、沉没成本和滞后性、市场结构和产品替代、跨国公司内部交易和非关税壁垒、通货膨胀环境和汇率波动性等；第三，汇率非对称传递理论，汇率的非对称传递实际上是汇率不完全传递的一种表现形式。

因此，本节也将从上述这几个方面对汇率传递的相关理论和文献进行梳理和归纳：第一，从汇率完全传递的角度，回顾汇率与价格关系的最初研究——一价定律和购买力平价理论；第二，从汇率不完全传递的角度，证明购买力平价理论在现实经济中不成立，导致了汇率对价格的影响是不完全的，并从直接传递和间接传递的角度梳理了汇率不完全传递的理论和文献；第三，从汇率非对称传递效应的角度，分析汇率不完全传递过程中产生的非对称效应的原因。

2.3.1　汇率完全传递理论

2.3.1.1　一价定律

一价定律是购买力平价理论的基础，其基本观点为同一种商品在不同国家以同一种货币计价的价格应该是相等的；其基本假设为在这两个竞争市场间不存在运输成本、贸易壁垒以及资本流动。一价定律认为，当本币升值时，会同比例地提高出口商品的价格，降低进口商品的价格。

用公式表示如下：

$$P = e \times P^{*} \tag{2.1}$$

其中，P 表示商品的本国价格，P^{*} 表示商品的外国价格，e 表示直接标价法下两国之间的汇率。一价定律假设在两个竞争市场上存在充分套利，所以当公式左右两边价格不相等时，市场会出现一系列的套利行为，从而导致两国价格再次相等。在固定汇率制度下，假设 $P > e \times P^*$，套利者会首先在国外买入某商品，然后在国内卖出等量的该商品来获得额外利润，而套利者的买卖行为将会引起国内该商品价格的下跌，国外该商品价格的上涨，从而最终使得等式恢复平衡。在浮动汇率制度下，假设 $P > e \times P^*$，外国商品的相对价格较低，从而本国消费者愿意用本币兑换更多的外币来购买外国商品，导致本币贬值，等式恢复平衡。

2.3.1.2 购买力平价理论

购买力平价理论是汇率变动理论中历史最久远、影响力最大的理论之一，它在汇率变动的分析中占据着基础性地位。早在 16 世纪，西班牙的萨拉曼卡学派（Salamanca School）提出了购买力平价理论，而到了 18 世纪和 19 世纪，瑞典、法国和英国的金块主义学派对其进行了推广。直到 20 世纪 20 年代，瑞典经济学家卡塞尔（G. Cassel）第一次提出“购买力平价”的概念，并系统地阐述了汇率和价格水平之间的关系。卡塞尔（1922）指出，两国货币的兑换比率由两国之间的相对价格水平所决定。在固定汇率制度下，均衡汇率是由两国之间的相对价格水平来决定，而在浮动汇率制度下，汇率是由两国货币的实际购买力来决定的。

通常情况下，研究者从静态和动态的不同角度将购买力平价理论区分为绝对购买力平价理论和相对购买力平价理论。绝对购买力平价理论是指基于特定时间点和绝对价格上的汇率决定，而相对购买力平价理论是基于某一时间区间内和相对价格水平上的汇率决定与走向。

1. 绝对购买力平价理论

假设经济良好运转，商品自由流通与交换，国内消费者对外币的需求主要是用于在国外市场上购买外国商品和服务，同样地，外国消费者对本国货币的需求也是期望运用本国货币购买到国内市场上的商品与服务。因此，卡塞尔认为，在两个具有独立贸易的国家之间，两种货币的购买力水平决定了两国货币之间的兑换比率。而根据货币数量论可知，一个国家发行的货币的数量越多，国内物价水平就会越高，在国内产出既定的情况下，一单位货币所能购买的商品和劳务会减少，因而该国货币的购买力会下降。所以，货币购买力与国内物价呈反向关系，我们可以用物价水平之间的对比来表示汇率，具体表达式为：

$$e = P/P^* \tag{2.2}$$

其中，e 表示直接标价法下两国之间的汇率，P 表示国内一般物价水平，P^* 表示国外一般物价水平。

式（2.2）即为绝对购买力平价的表达式。从该表达式中可以看出，汇率的变化将会同比例的传递到国内物价水平上，此时汇率传递是完全的。

2. 相对购买力平价理论

绝对购买力平价理论假设国际间的套利无成本。然而，在实际经济条件下这个假设很难成立。于是经济学家们放宽了商品套利无成本的假设，转而开始研究商品套利成本保持不变的情况，进而提出了相对购买力平价理论。

相对购买力平价理论是从动态角度研究一定时期内汇率变动对国内价格的影响。该理论解决了通货膨胀时期，国内物价的大幅度的波动对汇率波动的影响。相对购买力平价理论采用两国之间物价上涨程度的比较来衡量两国之间的汇率变动，具体表达形式如下：

$$\frac{e_1}{e_0} = \frac{(P_1 - P_0)/P_0}{(P_1^* - P_0^*)/P_0^*} \tag{2.3}$$

其中，e_0 表示初始状态下的汇率水平，e_1 表示变动后的汇率水平，P_0 和 P_0^* 分别表示初始状态下的国内价格和国外价格，P_1 和 P_1^* 分别表示变动后的国内价格和国外价格。

从式（2.3）可以看出，如果国内物价水平的变动率高于国外物价水平同方向的变动率，则本币贬值；反之，如果国外物价水平的变动率高于国内物价水平同方向的变动率，则本币升值。这一理论同样反映了汇率变动与物价变动之间完全传递的关系。

购买力平价理论的提出受到了广泛的关注和应用，它不仅为研究汇率变动与物价水平之间的关系提供了重要的参考依据，也是一个国家货币价值研究的理论基础。然而，由于购买力平价理论本身相对严格的假设，并且受到时代背景和各方面条件的约束，这一理论仍然存在一定程度的缺陷。例如，首先，它只是将注意力集中于可贸易商品的情况上，而忽视了非贸易商品在经济发展中的重要地位。其次，该理论也忽视了国家之间交易成本和贸易壁垒可能对模型产生的影响。最后，该理论没有考虑到贸易政策的变化、供给冲击、货币政策等因素导致的结构性偏差。随着汇率理论的进一步发展，基于一价定律和购买力平价理论的汇率完全传递理论不再成立，于是有关汇率不完全传递的理论应运而生。

2.3.2 汇率不完全传递理论

戈德堡和克内特（Goldberg and Knetter，1997）指出，如果购买力平价理论在可贸易商品中是成立的，那么汇率传递是完全的，而当购买力平价理论失效时，汇率传递则是不完全的。依据一价定律和购买力平价理论，汇率的变动将会同比例影响到国内一般物价水平，即汇率对物价是完全传递的。但由于交易成本、贸易壁垒等一系列因素的存在，导致这两个理论在现实中都是失效的。随后大量的研究开始质疑汇率传递是否完全，并进而发现了汇率不完全传递的普遍性，于是学者们纷纷从不同角度提出了汇率不完全传递的理论。

本小节从微观和宏观两个层面对汇率不完全传递理论进行了梳理，并分别分析微观和宏观因素对直接传递和间接传递有怎样的影响。从微观角度来讲，主要有依市定价、市场结构和产品替代、沉没成本、跨国公司内部交易和非关税壁垒等因素对汇率的直接传递和间接传递产生影响；而从宏观角度来讲，主要有通货膨胀环境和汇率波动性等因素对汇率的直接传递和间接传递产生影响。以下便对汇率不完全传递影响进口价格和国内价格的几个主要因素——依市定价、市场结构和产品替代、沉没成本、跨国公司内部交易和非关税壁垒、通货膨胀环境和汇率波动性进行详细阐述。

2.3.2.1 依市定价（pricing to market，PTM）

克鲁格曼（Krugman）在 1987 年提出依市定价理论，他将依市定价定义为由汇率引起的国际市场上的差别定价行为。这个理论从产业组织的微观层面给出了汇率不完全传递的一种可能原因。他通过研究美元升值背景下外国厂商在国际市场上的差别定价行为，指出当市场处于不完全竞争并且被分割的情况下，垄断竞争厂商会根据不同的市场进行差别定价，即垄断竞争厂商可以对不同市场制定不同的销售价格，以获得利润最大化，并且在面临国外汇率贬值时，可以通过调整成本加成来维持其在进口国的市场份额。克鲁格曼（1987）认为，垄断厂商的差别定价策略和成本加成（markup）行为是导致汇率对价格不完全和不稳定传递的原因，成本加成指的是按产品单位成本加上一定比例的利润制定产品价格的方法。因此，厂商可以对不同市场制定不同的销售价格，以获得利润最大化，并且在面临国外汇率贬值时，可以通过调整成本加成来维持其在进口国的市场份额。

从需求层面讲，克鲁格曼（1987）认为在分割的国际市场下，垄断厂商可以在国内与国外实行差别定价策略，使两个市场都实现利润最大化。戈德堡和克内特（1997）则进一步分析出这种差别定价是三级差别定价，即在汇率变化时可通过改变价格加成来吸收汇率冲击，此时汇率传递是不完全的。除此之外，也可以从市场份额的角度来解释在依市定价行为下的汇率不完全传递现象。每个厂商都有自己的消费群体，并占有一定的市场份额，当与竞争者相比具有更低的价格时，其市场份额就会扩大，反之就会减少。因此当汇率变动有利于厂商时，厂商可以降低价格以扩大市场份额或者保持价格不变来获得更多的利润，而当汇率变动不利于厂商时，厂商将保持价格不变以维持市场份额不变或者调高价格以减少损失。所以一个企业对代表未来收益的市场份额和当前利润的权衡取舍决定了其定价策略，进而导致了汇率传递的不完全性。

从供给层面讲，沉没成本和调整成本的存在也导致了按市场定价行为。沉没成本是当厂商进入国际市场进行宣传、建立营销网络而进行的投资，这些投入是厂商在退出国际市场时不能收回的。当面临一个暂时和较小的汇率变动时，在不能确定进入初期会有足够的利润的情况下，沉没成本的存在会使厂商不轻易进入该市场，同样，考虑到沉没成本和再进入该市场时会产生的成本，已经进入的厂商会选择不退出。所以相对于持久的汇率变动，短暂的汇率变动对进出口价格的影响更小。除了沉没成本，调整成本的存在也是导致依市定价行为的一个供给方面的因素。当厂商面临持久性的汇率变动时，可通过改变供给来应对，而厂商在面临短暂汇率变动时，则更倾向于通过调整利润空间来吸收汇率变动带来的影响，此时的汇率传递率要低于汇率持久性变动时的汇率传递率。

2.3.2.2 市场结构和产品替代

依市定价成立的基本条件为不同市场结构下厂商会有差别定价策略。当市场结构为同质性结构时，多恩布什（1987）和费雪（1989）分别考察了汇率在不同市场结构下传递的不完全性。多恩布什（1987）考察了在古诺（Cournot）竞争的市场结构下汇率的传递效应，结果发现竞争越激烈或者进口份额比重越大的产业，汇率传递效率越高。费雪（1989）则指出在伯特兰德（Bertrand）竞争的市场结构下，厂商的差别定价策略会影响汇率传递效应，其结果表明当本国厂商的垄断性越强以及外国厂商的竞争性越强时，汇率传递效率越高。而当市场结构为异质性结构时，杨（Yang，1997）则重点考察了进口产品的替代程度与汇率传递效率之间的关系，结果表明这二者之间呈负相关；当价格提高时，产品的高替代性增大了消费者转换使用其他产品的可能性，所以在汇率波动时，厂商更倾向于保持产品价格不变。

2.3.2.3 沉没成本（sunk cost）

当厂商想要退出现有市场或是想要进入一个新的市场时，常常要考虑那些已经发生的却无法收回的支出，即沉没成本。研究者认为沉没成本导致汇率传递的不完全性，并影响汇率传递系数。鲍德温（1988）认为，由于沉没成本的存在，较小的汇率波动不足以驱动垄断厂商退出现有市场或是进入一个新的市场，只有本币升值的幅度超过一定临界值时，本国厂商才会进入国外市场，这样即使汇率回归到初始水平，然而由于沉没成本的存在，新进入的市场者也不会轻易全部退出。

鲍德温（1988）对沉没成本与汇率传递的关系进行了分析，提出了“滩头效应”模型，该模型的核心思想是：由于产品之间的差异，本国厂商一方面要保持其产品的高品质和合理价格，另一方面还要为国外市场建立网络分销，研发适合国外市场的商品，以便开拓国外市场。由于本国厂商为进入国外市场而投入的这部分成本一经投入后就无法再收回，所以将这部分成本称为此厂商进入国外市场的沉没成本。所以，一个理性的厂商只有在预期收益能够弥补沉没成本时，才会选择进入一个市场。而当沉没成本一旦发生，即使厂商只能弥补可变成本，他也不会轻易退出市场。

2.3.2.4　跨国公司内部交易和非关税壁垒

自布雷顿森林体系崩溃后，面对外汇市场更加频繁和不确定的汇率波动，跨国公司普遍选择进行内部交易来避免汇率波动带来的损失。内部交易通常使用的手段是采用内部汇率和内部自由交易时间。霍姆斯（Holmes，1978）指出跨国公司实施内部汇率的首要目的是避免公司内部企业债务人因汇率波动而受到损失；格雷斯曼（Grassman，1973）则认为跨国公司采用富有弹性的交易支付时间可以避开汇率波动的时段，减少损失。因此，当汇率发生变动时，跨国公司选择内部汇率和内部交易时间来规避汇率变动对公司的影响，从而导致汇率对厂商价格传递的不完全。

2.3.2.5　通货膨胀环境

在考察影响汇率传递效应的宏观因素的研究中，泰勒（Taylor，2000）的研究成果最具代表性，他认为高通货膨胀制度下的汇率传递率更高。他认为当厂商预期当前成本和其他厂商的价格变化是暂时性的时候，厂商只会对自身的价格进行小范围的调整；而当厂商预期宏观货币政策和成本变化是持续性的时候，它会进行大幅度的价格调整。所以低通货膨胀环境降低了厂商对于成本和价格变动持续性的预期，所以汇率波动传递到价格上的程度会降低。之后许多学者对于这个结论进行了检验，乔杜里和哈库拉（2006）、马丽亚·多洛雷斯（2010）、德弗罗和耶特曼（2002）都得到了支持泰勒假说的证据。

2.3.2.6　汇率波动理论（exchange rate fluctuation theory）

汇率的波动性也是影响汇率传递效果的一个重要的宏观因素。一般来说，汇率波动的频率较大、可逆转性越强，汇率未来转向变化的可能性就越大，企业就会谨慎调整价格，从而降低了汇率传递的程度。但是关于这个议题有不同的结论，例如，曼恩（1986）在研究宏观因素对汇率传递的影响时发现，当汇率波动性较高时，进口商更愿意调整利润加成来减少价格的变动，导致汇率传递效果降低；当汇率只是较小幅度变化时，企业更倾向于采取一系列措施吸收汇率变动中的不利因素，减少改变价格的可能性；当汇率出现持久性变动时，汇率变动的预期也会增强，企业会调整价格，从而导致汇率传递效果增强。而泰勒（2000）认为，考虑到汇率波动频率和可逆性越强，未来汇率反向变动的可能性越大，当汇率出现持久大幅变动时，汇率变动的预期也会增强，因而厂商在面对汇率持续波动时会倾向于调整价格，从而导致汇率传递效果增强。也有学者把汇率波动性和汇率制度联系在一起，认为越是在稳固的汇率制度下，厂商越是倾向于本地定价（local currency pricing，LCP），即在不同的市场上会为商品定不同的价格，因而汇率传递率也就越低。

2.3.3 汇率非对称传递理论

汇率非对称传递理论实际上是汇率不完全传递理论的自然延伸。目前关于汇率非对称传递的理论主要集中在以下几个方面：第一，汇率变动方向对汇率传递的影响可能不同，即当一国汇率升值或贬值同等程度时相关价格变动的程度可能不一样；第二，汇率变动幅度对汇率传递的影响可能不同，即当一国汇率波动较大或较小时相关价格的变动程度可能有所差异；第三，时间变化可能导致汇率对价格的传递效应有所不同，即时间周期较长和时间周期较短时，对汇率传递程度的影响可能不同；第四，在结构性突变时间点前后，传递效应也可能不同。

从汇率变动方向的角度研究汇率非对称传递的文献主要是从依市定价、市场份额、生产转换、数量限制和市场结构等视角来阐述的。而从汇率变动幅度的角度研究汇率非对称传递的文献主要是从菜单成本和价格刚性的视角来阐述。从时间的角度研究汇率非对称传递的文献则主要是从滞后性、结构性突变等视角来阐述。

2.3.3.1 基于汇率变动方向的汇率非对称传递理论

早期研究汇率传递的文献大多认为汇率传递的程度与汇率变动的方向（即升值或贬值）没有必然的联系。而现有的研究否认了这一点，他们主要从依市定价、市场份额、生产转换、数量限制和市场结构等理论视角来阐述汇率传递的非对称性。实际上，当面临货币贬值或升值时，进口企业很可能做出不同的定价反应。不仅如此，当货币升值或贬值同等单位的时候，进口企业做出的反应程度往往也不一样。基于此，本书总结了以下五种理论来解释在汇率变动方向上汇率非对称传递的可能性。

1. 依市定价说

依市定价理论认为货币贬值时比升值时的传递效应更大。正如在汇率不完全传递理论部分提到的，克鲁格曼（1987）指出贸易价格变动的关键是市场定价机制。当本币升值时，为了保持市场份额不变，外国出口商会维持以进口国货币表示的进口价格不变，这时出口商可以通过调整边际成本上的利润来维持进口价格的稳定。而当本币贬值时，一般来说外国出口商会为了维持利润而将汇率风险转嫁给消费者，所以会适当提高进口价格。所以当汇率变动有利于厂商时，厂商可以选择维持市场份额不变，或小幅下调价格就可以扩大市场份额。而当汇率变动不利于厂商时，厂商会较大幅度的将价格提高以维持利润。这个假设意味着汇率贬值对进口价格（以本币表示）的传递效应大于汇率升值时的传递效应。

2. 市场份额说

假设一个厂商的目标是维持在本国的市场份额，那么该厂商的目标会定位于：不论本国汇率如何变动，进口价格保持不变。在这样一种策略下，在汇率贬值时期利润的下降可能会通过汇率升值时期利润的上升弥补回来。另一种策略可能是，当本币升值时，外国厂商通过调整其成本加成来增加市场份额，进口价格会相应下调；而当本币贬值时，外国厂商会通过维持价格不变来维持其市场份额。在第二种策略下，汇率传递是非对称的。当本币升值时，汇率对价格的传递效应更高，反之则反是。第一种策略下隐含的意义是汇率传递是对称的，而第二种策略汇率传递则是非对称的，且汇率升值时的价格传递效应大于汇率贬值时的传递效应。

3. 生产转换说

另一种汇率传递非对称的原因在于外国厂商生产过程中对进口中间投入品的使用。韦伯（Webber，2000）指出，外国厂商会在进口中间投入品和本国生产的中间投入品之间进行选择，而选择的标准在于两者价格的比较。这样，汇率传递只取决于成本加成弹性。当本币升值时，外国厂商仅会使用出口国（外国）的中间投入品，此时汇率完全传递。而当本币贬值时，外国厂商仅会使用进口国的中间投入品，此时汇率传递效应等于 0。因此生产转换说认为，汇率升值时的传递效应大于汇率贬值时的传递效应。

4. 数量限制说

数量限制说认为货币贬值较升值的传递效应更大。数量限制之所以会产生是因为贸易限制的存在，诸如配额或自发的出口限制等进口限制条件。鲍德温（1988）在其瓶颈模型中指出，数量限制还可能因为厂商没有能力扩张产能而发生。当本币升值时，数量限制条件产生于外国厂商增加销量的能力有限。在这种情况下，当本币升值时，外国厂商通过提高成本加成来维持出口价格不变。这样外国厂商提高了它的边际利润，而不是提高了销量。当本币贬值时，数量没有限制。厂商可能减少其成本加成但仍然会允许价格有所提高。这样当本币贬值时汇率传递效应就会高于本币升值时。然而，克内特（Knetter，1994）和吉尔·帕雷亚（Gil – Pareja，2000）提到，如果外国厂商致力于提高产能，那么汇率升值并不会导致更低的价格。而相反地，厂商更愿意提高其成本加成来限制汇率传递。而当汇率贬值时则没有这样的限制。

5. 市场结构说

依市定价成立的基本条件为不同市场结构下厂商会有差别定价策略。多恩布什（1987）发现在古诺竞争的市场结构下，竞争越激烈或者进口份额比重越大的产业，汇率传递效率越高。费雪（1989）则指出在伯特兰德竞争的市场结构下，当本国厂商的垄断性越强以及外国厂商的竞争性越强时，汇率传递效率越高。曹伟、赵颖岚和倪克勤（2012）认为是垄断导致了汇率升值和贬值时不同的汇率传递效应，当外国厂商在本国的垄断程度较高时，外国厂商在本币升值时会维持价格不变来增加利润水平，而在本币贬值时抬高价格维持成本不变，因而意味着汇率波动对价格的传递效应存在非对称性，这在一定程度上反映出市场的扭曲（Goldberg，1995；Olivei，2002）。

2.3.3.2 基于汇率变动幅度的汇率非对称传递理论

随着对汇率非对称传递研究的进一步发展，学者们开始不仅仅局限于汇率变动方向的视角，从汇率变动幅度的角度来研究汇率非对称传递的成果也逐渐增多。一般认为，菜单成本和价格刚性乃是影响汇率较大波幅和较小波幅时汇率传递不对称的重要因素。

1. 菜单成本

波拉德和库格林（Pollard and Coughlin，2004）提出菜单成本的存在导致了汇率传递的非对称效应。直观来看，厂商对于不同程度的汇率变动可能会有非对称的反应。例如，菜单成本的存在可能会导致汇率传递在大幅汇率波动和小幅汇率波动时产生非对称效应。而改变菜单价格的成本则增加了一种可能性，即厂商仅在汇率高于一个临界值时才会调整商品价格。而这种非对称效应的方向取决于商品价格以何种货币计价。

当汇率小幅波动时，外国厂商会维持价格不变，并通过改变出口价格来吸收这种汇率变动，在这种情况下无汇率传递。而如果汇率波动幅度较大，那么外国厂商就会调整价格。这时，如果进口价格和出口价格同时改变，那么汇率传递就不完全；如果仅仅只是进口价格改变而出口价格不改变，那么汇率传递就是完全的。这样当以进口国货币计价时，汇率较大波幅比汇率较小波幅时的传递效应更高。

然而，如果进口商品以出口国货币计价，那么汇率的较小波幅不会对外国厂商的出口价格产生影响，但是却会完全影响到进口国商品价格，此时汇率传递是完全的。当汇率波动幅度较大时，出口商会调整出口价格，从而降低汇率传递的效果。在这种情况下，当汇率波幅较小时，汇率的传递效应更大。因此，汇率变化的传递效应正好与上述推导的结论相反。

2. 价格刚性

很多学者认为价格刚性也是导致汇率非对称传递的重要原因。高希和沃尔夫（Ghosh and Wolf，2001）假设在不存在菜单成本，只有最优价格与原价格之差超过临界值时，厂商才会发生调整价格行为，否则将维持原来价格不变，此时便产生了汇率不完全传递的现象。而一旦这个差值超过临界值，那么新价格将会在汇率累积变动的基础上被重新设置。因此在本国汇率升值或贬值时，国外厂商通常不会迅速改变价格，此时价格完全反映出汇率的升降，汇率传递完全。而当汇率的波动幅度超过一定的临界值时，才会重新设定价格，因此这就导致了因价格刚性而使汇率在波动幅度大和波动幅度小时的非对称传递。

2.3.3.3 基于时间变化的汇率非对称传递理论

大部分的理论研究都在于讨论汇率变动的方向或变动的幅度对价格的非对称传递效应，而从时间角度讨论汇率传递效应的文献一般认为，滞后性和结构性变化乃是影响汇率波动在不同时期引发汇率传递不对称的重要因素。

1. 滞后性（hysterieas）

由于汇率传递是一个多环节和动态的过程，在进出口过程中订货或是交割的任何一个环节都可能引起汇率传递的滞后反应。除此之外，汇率波动的持久性也会使得汇率传递在其诱因消失后仍然持续存在，即表现为汇率传递的滞后性。

2. 结构性变化（structural change）

由于经济环境、汇率政策发生重要的改变，也可能会导致汇率传递效应发生变化。这是因为在结构性变化前和变化后，汇率波动的性质以及影响传递效应的其他因素，诸如市场结构和替代性、通货膨胀环境以及厂商的生产成本与沉没成本等发生了改变，这些都会对传递效应产生影响。

2.4 汇率非对称传递的实证研究

2.4.1 汇率传递是否存在非对称效应

2.4.1.1 汇率传递存在非对称效应

对汇率传递效应是否存在非对称性，国外学者较早就对此进行了实证研究。一部分研究发现汇率传递效应存在非对称性。

首先，从直接传递的角度看。波拉德和库格林（Pollard and Coughlin，2004）通过方差方程、设置虚拟变量等方法，发现超过半数的出口厂商对进口国汇率升值和贬值的定价决策反应是非对称的，且反应方向有正有反。阿布里和戈德温（Al - Abri and Goodwin，2007）采用门限协整的方法研究了16个经济合作与发展组织（OECD）国家汇率变动对进口价格水平的传递效应，结果显示考虑门限效应比不考虑门限效应的情况下汇率传递程度更高，汇率传递系数平均高出约 50%。布西埃（Bussiere，2013）则采用门限模型和设置虚拟变量的方法验证了七国集团（G7）国家汇率波动对进口价格传递的非对称性，结果十分显著，其中汇率变动方向上的非对称性和汇率变动幅度上的非对称性随国家不同而不同。安德森和费多西瓦（Anders and Fedoseeva，2017）则运用非线性自回归分布滞后（NARDL）模型发现非对称的汇率传递模型可以很好地解释美国主要进口贸易的供应链动态。

其次，从间接传递的角度看。戈德堡（Goldberg，1995）发现汇率升值时对消费者价格的传递效应与汇率贬值对消费者价格的传递效应不同。戈德费恩和韦朗（Goldfein and Werlang，2000）则采用面板回归的方法，研究了在不同经济周期下汇率对消费者价格的传递效应，他们发现汇率传递效应随着时间的推移而不断增大，即汇率传递存在滞后性。坎帕和戈德堡（Campa and Goldberg，2002）则运用差分方程回归模型，考察了 25 个 OECD 国家汇率变动对于国内价格水平的影响，发现在短期汇率传递具有明显的非对称性。奥利维（Olivei，2002），伊里格、马里奥和亚历山大（Ihrig，Mario and Alexander，2006）等同样发现在不同时间周期汇率变动对国内价格的传递具有非对称性。科雷亚和米内拉（Correa and Minella，2006）运用门限自回归（TAR）模型从时间周期、汇率波动方向以及汇率波动幅度的角度，分别检验了汇率对巴西消费者价格传递的非对称性，结果表明在经济增长较快的周期内，当汇率贬值幅度超过一定门限值，汇率的短期传递效应较高，他的结果验证了汇率传递中的依市定价理论和菜单成本理论，也验证了汇率波动性理论。沙威夏布和卡恩（Savoie - Chabot and Khan，2015）则采用滞后方差模型分析了加元兑美元汇率从 2012 年开始贬值以后汇率对消费者价格的传递机制，发现在长期通胀预期的情况下，汇率对通胀的影响只是短暂的。卡斯等（Kassi et al. ，2019）则运用了 NARDL 模型发现在汇率变动方向和不同时间周期下汇率对消费者价格的传递效应均存在非对称性。

相比国外丰富的实证研究，最近几年才有国内学者开始研究汇率的非对称传递。最早有曹伟和倪克勤（2010）采用滚动回归分析、设置虚拟变量、门限模型等计量方法，从汇率变动的方向和变动幅度验证了人民币汇率对进口价格水平的传递存在非对称性。姜昱、邢曙光和杨胜刚（2010）采用差分方程和门限回归，同样从汇率波动方向和幅度两个角度，分析了中国与17个主要贸易伙伴的汇率传递效应，最后他们认为人民币汇率传递存在非对称性。在对某一进口商品价格进行研究时，曹伟、赵颖岚和倪克勤（2012）通过使用滚动回归来分析差分方程，并设置虚拟变量，发现了原油进口价格对汇率变化的非对称反应，非对称传递是存在的。谢博婕、西村友作和门明（2013）通过加入汇改变量，采用自回归分布滞后（ARDL）模型发现汇改前和汇改后汇率传递的非对称性。贾凯威（2016）同样也采用了ARDL模型发现汇率传递在短期和长期均存在非对称性。张天顶、钟雨汝和唐夙（2019）同样发现汇率变动方向和波动幅度对制造业进口价格的影响存在着显著的非线性效应。常婧、龙少波和陈立泰（2019）则采用了NARDL模型也发现了人民币汇率对中国进口价格与出口价格均具有显著的非对称传递现象，且随着人民币汇率弹性的增强，汇率传递程度正在逐步降低。

2.4.1.2 汇率传递不存在非对称效应

也有一些研究发现汇率传递效应不存在非对称性。最早曼恩（1986）运用简单最小二乘法（OLS）和对数模型进行回归，考察了汇率变动对美国分行业进口商品价格的传递程度，没有检验出非对称性。范伯格（Feinberg，1989）指出美国的某些行业呈现出对称的汇率传递效应。劳伦斯（Lawrence，1990）也发现美国在20世纪80年代的贸易价格对汇率升值和贬值的反应是对称的。阿图科拉拉（Athukorala，1991）则指出韩国汇率波动对制造业出口价格不存在传递的非对称性。奥利维（Olivei，2002）证明了美国34个产业汇率传递效应对汇率升值和贬值只存在微弱的非对称证据。赫茨伯格、卡皮塔尼奥斯和普赖斯（Herzberg，Kapetanios and Price，2003）通过门限模型、对数平滑转换模型等方法，检验了英国汇率在波动方向和幅度上的传递效应，但没有发现其对进口价格的传递效应是非对称的。马拉齐和希茨（Marazzi and Sheets，2007）则发现汇率在波动幅度上对进口价格水平并不存在非对称传递效应。

2.4.2　汇率传递在汇率波动方向上非对称

2.4.2.1　货币升值较货币贬值的传递效应大

有部分研究发现，货币升值相较于货币贬值时，汇率的传递效应更大。曼恩（1986）分别考察了美元升值和贬值期间汇率变动对进口价格的传递效应，结果表明当美元升值时比贬值时汇率的传递效应更大。维克勒马辛哈和席尔瓦普勒（Wickremasinghe and Silvapulle，2004）运用了非对称单位根检验、协整检验以及门限自回归（TAR）模型发现，汇率升值和贬值时，日本制造业的进口价格的反应表现出不同，其对升值的反应要大于对贬值的反应。昆德拉帕姆（Khundrakpam，2007）通过向量自回归（VAR）模型和滚动回归发现进口关税的减少、消除贸易壁垒、增加进口渗透率和经济开放度以及根据经济自由化原则进口组成的改变都会降低汇率贬值对 CPI 的影响。卡斯等（Kassi et al.，2019）则运用了 NARDL 模型发现在长期，本币升值时对消费者价格的传递效应大于本币贬值时的传递效应。

2.4.2.2　货币贬值较货币升值的传递效应大

另外一些学者认为，货币贬值相较于货币升值时，汇率的传递效应更大。戈德堡（1995）运用动态结构化模型和 OLS 回归考察了美国从德国和日本进口汽车行业，发现货币贬值时较货币升值时的传递效应更大。卡迪亚利（Kadiyali，1997）同样运用 OLS 回归考察了美国从日本进口的摄影器材行业，并发现美元贬值时进口摄影器材的价格比升值时变动更大。韦伯（2000）运用 VAR 模型也得到了相同的结论，他研究了 7 个亚洲国家的样本，其中有 5 个国家均支持汇率传递存在非对称的效应，并认为贬值时汇率传递的效应要高于升值时。普日斯塔帕和弗罗贝尔（Przystupa and Wróbel，2011）运用自激励门限自回归（SETAR）模型也发现波兰的汇率传递效应在汇率升值和贬值时不一样，当汇率升值时传递效应小，而当汇率贬值时传递效应升高。

在检验人民币的汇率传递效应时，研究普遍发现人民币贬值对进口价格、生产者价格和消费者价格的传递效应大于人民币升值时对这些价格的传递效应。如曹伟和倪克勤（2010）采用滚动回归、虚拟变量、门限模型等计量方法考察了人民币汇率变动对于我国进口价格水平传递效应的非对称性特点，结果表明人民币贬值对进口价格存在较高的传递效应，而人民币升值对进口价格的传递效应较小。进一步，曹伟、赵颖岚和倪克勤（2012）同样采用了滚动回归、设置虚拟变量的分析方法探讨了汇率波动方向上的非对称效应，发现人民币贬值较升值对原油进口价格的传递效应更大。朱亚莉（2013）采用滚动回归和平滑转移自回归（STAR）模型分别分析了汇率不完全传递对进口价格影响的非对称性，发现人民币汇率的贬值对进口价格指数的传递效应大于升值时传递的效应。刘青（2014）也同样发现了人民币贬值时对进口价格的传递效应大于升值时。谢博婕、西村友作和门明（2014）认为人民币升值对生产者价格和消费者价格的影响很小，可以忽略不计，而人民币贬值时对生产者价格的影响显著。贾凯威（2016）则采用了ARDL模型发现本币贬值对消费者价格上升的影响大于同等程度升值对价格下降的影响。张天顶、钟雨汝和唐夙（2019）同样发现人民币汇率贬值对我国制造业进口价格的传递效应更大。

2.4.3 汇率传递在汇率波动幅度上非对称

早期关于汇率非对称传递的研究主要集中在对汇率波动方向的关注，随着研究的发展，经济学家们开始将视野扩展至汇率的波动幅度。但因为该领域的研究最近才兴起，所以现有的文献资料并不丰富。并且，现有的研究主要集中在对发达国家的研究上，而少有针对发展中国家的研究。

2.4.3.1 汇率变动幅度与传递效应正相关

有一些学者发现汇率变动幅度越大，汇率对价格的传递程度越大。波拉德和库格林（Pollard and Coughlin，2004）通过方差方程、设置虚拟变量等方法，分别对美国30个进口行业汇率传递的非对称效应进行了考察，实证结果表明绝大多数行业都存在非对称传递，而且当美元波动幅度较大时，汇率变动对于进口价格水平的传递效应更大。蒂卡和波塞德尔（Tica and Posedel，2009）采用TAR模型对克罗地亚的研究发现，汇率对通货膨胀的影响是非对称的，当低于一个门限值时，汇率变化的影响不显著，而当高于门限值时，这种影响显著并且很强。谢赫（Cheikh，2012）采用平滑转换回归（STR）模型，检验了 12 个欧元区国家的汇率传递，发现其中 9 个国家在汇率波动幅度较大时传递程度更大。

国内研究汇率波动幅度对汇率传递效应影响的文献不多。其中，曹伟和倪克勤（2010）通过将汇率波动幅度的临界值设为中位值、平均值和门限模型获得的门限值三种方法，均发现人民币汇率波幅越大，对进口价格的传递效应越大。曹伟、赵颖岚和倪克勤（2012）采用同样的方法研究了汇率变化对原油进口价格的非对称传递效应，他们发现当汇率波幅大时，汇率变动对原油进口价格的传递效应更大。田广杰（2014）则采用 VAR 模型发现在汇率波动幅度扩大的情况下，汇率对通货膨胀的传递效应明显扩大。谢博婕、西村友作和门明（2014）也得出人民币汇率变动幅度较大时，汇率对国内 PPI 和 CPI 价格的传递程度更显著，反之则不存在传递效应。张天顶、钟雨汝和唐夙（2019）则认为波动幅度较大的时候，汇率对进口总体传递水平相对较高。

2.4.3.2　汇率变动幅度与传递效应负相关

昆德拉帕姆（2007）通过 VAR 模型和滚动回归，对印度国内价格的研究发现，非对称传递是存在的，较小的汇率波动传递水平较高。普日斯塔帕和弗罗贝尔（2011）运用 SETAR 模型，对波兰的汇率传递研究中发现，在汇率波动幅度较大的时期，汇率传递效应更低，而当汇率波动幅度降低时这种传递效应倾向于升高。姜昱、邢曙光和杨胜刚（2010）指出，当人民币汇率波动幅度小于一个门限值时对进口价格的传递效应较大，而低于门限值时传递效应较小，即较小的汇率波动幅度对进口价格的传递效应要大于较大的波动幅度。曹伟和倪克勤（2010；2012）发现人民币汇率波幅越大，对进口价格的传递效应越大，然而得出这样一个结论的原因在于选取的进口价格是以进口国所在货币，即人民币计价的，因此若以贸易伙伴国货币计价进口价格的话，得出的结论应该正好相反。实际上我国国家统计局公布的进口价格指数是以美元计价的，这也与美国是我国的主要贸易伙伴国，以及美元是国际贸易主要结算货币是一致的。因此根据曹伟和倪克勤（2010）的结论，若进口价格以美元计价，则汇率波动幅度较小时汇率传递效应较大。

2.4.3.3　汇率变动幅度取决于门限值

刘青（2014）采用了 STR 模型对进口价格水平也进行了分析，发现不管汇率是升值还是贬值，汇率传递效应与汇率波幅是否接近门限值有关，且汇率传递效应的方向并不会发生变化。刘青（2014）发现当汇率的波动幅度接近门限值时，此时汇率的传递效应较小，而当汇率的波动幅度远离门限值时传递效应较大。

2.4.4 汇率传递在时间维度上非对称

2.4.4.1 从时间周期来看

坎帕和戈德堡（2002）考察了1975～1999年间25个OECD国家的汇率变动对进口商品价格的影响，结果发现对于OECD国家总体而言短期和长期汇率传递不完全，且在不同时期的传递非对称，不同国家之间短期和长期的传递程度也存在很大差异。坎帕和戈德堡（2005）进一步通过协整及误差修正模型，以及OLS回归，分析了汇率变动对进口价格在短期和长期的传递效应，他们发现汇率传递在短期较高，但不完全；汇率传递在长期更高，在各个国家和各个行业基本上是完全传递。哈尔夫和基钦（Khalaf and Kichian，2005）则运用相关性VAR方法发现汇率传递效应随时间增加而递减。普日斯塔帕和弗罗贝尔（2011）运用SETAR模型检测了波兰汇率传递对消费者价格的影响，结果显示汇率传递随经济周期不同而不同，在经济衰退时传递效应较小，而在经济扩张时传递效应较高。谢博婕、西村友作和门明（2013）采用ARDL模型发现人民币汇率传递的短期效应和长期效应不同，存在非对称性。贾凯威（2016）同样也采用了ARDL模型发现人民币汇率传递在短期和长期均存在非对称性。

2.4.4.2 从结构性突变来看

坎帕和戈德堡（2005）通过协整及误差修正模型以及OLS回归，发现在对进口价格的汇率传递过程中，结构性突变仅存在于制造业的一部分有限样本中。昆德拉帕姆（2007）通过VAR模型和滚动回归，研究了印度自1991年7月以来经济改革时期的汇率传递，并没有发现改革后汇率对印度国内价格传递水平下降的证据。叶茂升和肖德（2011）运用协整及误差修正模型，实证检验了汇改前和汇改后人民币汇率变动的不同传递效应，实证发现汇改前人民币升值对我国输美纺织品价格的影响并不显著，而汇改后这种影响是显著的。谢博婕、西村友作和门明（2013）则分别考察了汇改前后人民币汇率变动对于 PPI 和 CPI 的影响，通过加入汇改的虚拟变量，采用 ARDL 模型发现汇改前和汇改后人民币汇率传递是非对称的。贾凯威（2014）则发现在不同样本周期，汇率传递不对称。

2.5 现有文献的局限与本书的创新

国内外文献从理论和实证两方面对汇率的传递效应进行了研究，并取得了丰富的成果，但综合来看这些研究主要是围绕汇率传递的完全传递效应或不完全传递效应展开的，对汇率传递的非对称效应的研究相对较少，结论尚无定论。因此，本书尝试从供给侧视角入手，从汇率传递的直接传递和间接传递两条路径分析汇率变动对进口商品价格水平影响（即直接效应）与汇率变动对国内商品价格水平（生产者价格水平和消费者价格水平）的影响（即间接效应），从而全面揭示汇率传递对价格水平的非对称影响，进而概括出对进出口产业政策的非对称影响，从而对我国未来的货币政策、汇率政策和进出口产业政策提供建议。本书主要是从以下三个方面进行了突破与创新。

2.5.1.1 研究视角上的创新

本书尝试从供给侧视角入手，将汇率传递与供给侧结构性改革联系起来，全面深刻地研究人民币汇率传递的非对称性问题，分别回答了人民币汇率传递是否存在以及在方向、幅度和时间上是否存在非对称性的问题，并针对汇率传递的非对称效应对汇率制度选择、汇率政策和进出口产业政策造成的影响提出了相应的政策建议，为供给侧结构性改革提供了新的思路。

2.5.1.2 研究内容上的创新

国内外文献从理论和实证两方面对汇率的传递效应进行了研究，并取得了较好的成果，但综合来看这些研究主要是围绕汇率传递的完全传递或不完全传递展开的，对汇率非对称传递的研究相对较少。因此，本书分别从直接传递（汇率对进口价格的传递）和间接传递（汇率对国内价格的传递）的角度，在完全传递理论、不完全传递理论和非对称传递理论的基础上，进行了相应的实证分析，回答了下面四个问题：（1）汇率传递是否存在、是否完全、是否存在非对称效应；（2）在汇率波动方向上是否存在汇率传递的非对称效应；（3）在汇率波动幅度上汇率传递是否存非对称效应；（4）在时间维度上汇率传递是否存在非对称效应。最后通过对上述非对称效应结果的总结与推导，从供给侧视角得出汇率政策和进出口产业政策应如何调整的结论。

2.5.1.3 研究方法上的创新

1. 从汇率波动的方向来看

国外的研究主要采用了 OLS 回归、协整检验、VAR 模型、滚动回归、非对称单位根检验、TAR 模型、动态结构化模型以及自激励门限自回归（SETAR）模型等，而国内的研究主要采用了滚动回归、设置虚拟变量、门限模型、STAR 模型和 ARDL 等模型。上述方法均需要在模型中设立虚拟变量来表示汇率的正向变动和负向变动，从而将回归模型分解成几段来检验，这样就大大降低了回归的显著性。因此，本书采用了 NARDL 模型来分析汇率波动方向对价格的非对称传递效应。该模型将汇率的正向变动与负向变动分解出来，并同时对正向变动和负向变动进行检验，极大地增加了检验的可信度，且该方法也可以检验出短期和长期的非对称性。

2. 从汇率波动幅度来看

国外的研究同样是采用了 VAR 模型、滚动回归、方差方程、设置虚拟变量、门限自回归（TAR）模型、平滑转换回归（STR）模型以及自激励门限自回归（SETAR）模型等方法，而国内的研究也主要是采用了滚动回归、设置虚拟变量、VAR 模型、误差修正模型（ECM）、门限模型、平滑转换回归等模型。这些方法的共同特点是只能在单一门限值的情况下设定汇率的波动幅度，大于门限值则是较大波幅，小于门限值则是较小波幅，从而简单地将汇率波幅的所有数据划分为两组，并比较哪一组的汇率传递效应更大。设定单一门限值的缺陷在于不能连续的判断汇率波动幅度大小的不同对汇率传递效应的影响。因此，本书首次采用了 B 样条回归（B - spline regression）方法，该方法将汇率波幅按大小划分为任意多个不同的区间，在不同的区间内进行回归得到回归系数，并且在不同的区间进行转换时是平滑的过程，并不存在拐点，因此我们可以比较整个样本区间内的回归系数大小，该系数即为汇率传递系数。

3. 从时间的角度来看

国外的研究主要采用了相关性 VAR 模型、协整及误差修正模型、OLS 回归、滚动回归、自激励门限自回归（SETAR）模型等方法，而国内的研究主要采用的是协整及误差修正模型、设置虚拟变量以及 ARDL 模型等方法。而本书采用小波分析（wavelet analysis）来探讨时间的长度对汇率传递效应的非对称性影响。本书将“短期”定义为 1 ~ 2 年、将“中期”定义为 2 ~ 4 年、将“中长期”定义为 4 ~ 8 年，并将长期定义为“8 ~ 12”年。该方法可以同时检测出短期、中期、中长期和长期时的汇率传递效应是否显著，将这四个抽象的时间概念具体化，可以更好地判断不同时间长度内汇率传递的效应，从而为制定相应的短期、中期和长期汇率政策和产业政策提供依据。

第3章 理论模型

3.1 汇率传递的理论模型

波拉德和库格林（Pollard and Coughlin，2004）在尼根和海恩斯（Blonigen and Haynes，1999）以及吉尔·帕雷亚（Gil－Pareja，2003）模型的基础上，提出了进出口厂商利率化这一理论。而在此之后的国内外研究中，大多数都是沿用了他们的观点。因此，本章在波拉德和库格林（2004）提出的基本假设和模型的基础上进行了修订和拓展，得到了汇率传递在汇率变动方向、汇率变动幅度和时间维度上的非对称传递模型。

波拉德和库格林（2004）假定市场上存在两个国家，其中 H 国为本国进口国，F 国为外国出口国。H 国从外国垄断厂商进口一件商品：X^H。在 H 国市场上，外国厂商面临着来自本国替代品 y 的竞争。

首先，假设 H 国对该商品的进口需求相对于消费者效用函数中的其他商品而言较低，我们将 H 国的需求定义为 $X^H=X^H(P^H,P^y,I^H)$，其中 P^H 表示进口商品 X^H 的本国货币价格，P^y 表示替代品 y 的本国货币价格，I^H 则表示本国的收入水平（或对所有商品的总支出）。

其次，相似地，在 F 国厂商的国内市场上，需求是由 F 国商品 X^F 的当地（外国）货币价格和收入（或所有商品的支出）来表示，即 $X^F=X^F(P^F,I^H)$。其中，P^F 表示商品 X^F 在 F 国的货币价格，I^F 表示 F 国的收入水平。

最后，假定最终产品 X 的生产地点为 F 国，而中间投入品来自 F 国和

H 国两个市场。如果来自 H 国的中间投入品被用于生产过程，那么中间投入要素的价格 w 主要受汇率 e（间接标价法）的影响。商品 X 的生产成本取决于总生产数量 $X = X^F + X^H$，以及要素价格 $C = C(X, w(e))$。假定生产要素成本函数为一次齐次式，那么 $C(X, w) = w(e)\phi(X)$。

由于外国厂商存在于伯特兰德竞争中，因此将 P^y 看作外生变量。将进口价格以外国货币表示，因此可以得到外国出口商的利润函数（以 F 国货币表示）：

$$\max_{P^F, P^H} \prod = P^F X^F + eP^H X^H - w(e)\phi(X) \tag{3.1}$$

即
$$\max_{P^F, P^H} \prod = P^F X^F + eP^H X^H - w(e)\phi(X^F + X^H) \tag{3.2}$$

分别对 P^F，P^H 求导，得到利润最大化的一阶条件：

$$P^F: X^F + P^F \frac{\partial X^F}{\partial P^F} - w\phi' \frac{\partial X^F}{\partial P^F} = 0 \tag{3.3}$$

$$P^H: eX^H + eP^H \frac{\partial X^H}{\partial P^H} - w\phi' \frac{\partial X^H}{\partial P^H} = 0 \tag{3.4}$$

式（3.3）和式（3.4）可以写作：

$$P^F = w\phi' m^F \tag{3.5}$$

$$eP^H = w\phi' m^H \tag{3.6}$$

其中，
$$m^a = \frac{1}{1 - 1/\varepsilon^a}, \quad \varepsilon^a = -\left(\frac{\partial X^a}{\partial P^a} \frac{P^a}{X^a}\right), \quad a = F, H$$

利润最大化的标准条件为每个市场的价格由每个市场的成本加成决定，其中 m^a 表示成本加成，即成本与销售价格的比例，$w\phi'$ 表示一般边际成本，而 ε^a 则表示需求价格弹性。

为了简化模型，我们假设边际成本为常数，那么 $w\phi'' = 0$。因此汇率传递弹性系数可以用公式表示为：

$$ERPT \equiv \frac{\partial P^H / P^H}{\partial e / e} = \frac{\partial P^H}{\partial e} \frac{e}{P^H} \tag{3.7}$$

通过对式（3.6）中的 e 求导数可得，

$$P^H + e\frac{\partial P^H}{\partial e} = \frac{\partial w}{\partial e}\phi' m^H + w\phi'' m^H + w\phi' \frac{\partial m^H}{\partial P^H} \frac{\partial P^H}{\partial e} \tag{3.8}$$

由于 $w\phi'' = 0$，将式（3.8）整理可得，

$$\frac{\partial P^H}{\partial e}\left(e - w\phi'\frac{\partial m^H}{\partial P^H}\right) = \frac{\partial w}{\partial e}\phi' m^H - P^H \tag{3.9}$$

将式（3.6）代入式（3.9）中得，

$$\frac{\partial P^H}{\partial e}\left(\frac{w\phi' v^H}{P^H} - w\phi'\frac{\partial m^H}{\partial P^H}\right) = \frac{\partial w}{\partial e}\phi' m^H - \frac{w\phi' m^H}{e} \tag{3.10}$$

因此根据式（3.10）整理可得，

$$ERPT \equiv \frac{\partial P^H}{\partial e}\frac{e}{P^H} = -\left(\frac{1-\eta^{we}}{1-\eta^{mH}}\right) \tag{3.11}$$

其中，$\eta^{we} = \frac{\partial w}{\partial e}\frac{e}{w}$，$\eta^{mH} = \frac{\partial m^H}{\partial P^H}\frac{P^H}{m^H}$。

因此，从式（3.11）可以看出，汇率传递弹性系数由边际成本对汇率变化的反应以及成本加成对价格变化的反应决定。

一般来说，$-1 \leqslant ERPT \leqslant 0$，汇率传递弹性系数为［$-1$，$0$］区间的非正数。这是因为当本国货币升值时（$e\uparrow$），会相应地降低进口商品 X^H 的进口价格（$P^H\downarrow$），而本国货币贬值（$e\downarrow$）则会增加进口商品 X^H 的进口价格（$P^H\uparrow$），因此 $ERPT \equiv \frac{\partial P^H}{\partial e}\frac{e}{P^H} = -\left(\frac{1-\eta^{we}}{1-\eta^{mH}}\right) \leqslant 0$。当本国货币升值时（$e\uparrow$），来自 H 国的中间投入品价格会上升（$w\uparrow$），且一般而言 w 上升的最大幅度不超过汇率升值幅度，因此，$0 \leqslant \eta^{we} = \frac{\partial w}{\partial e}\frac{e}{w} \leqslant 1$。而此时进口商品价格下跌（$P^H\downarrow$），外国厂商在 H 国的市场份额增加，则外国厂商利润增加，其成本加成增加（$m^H\uparrow$），因此，$\eta^{mH} = \frac{\partial m^H}{\partial P^H}\frac{P^H}{m^H} \leqslant 0$，反之亦然。因此，$ERPT \equiv \frac{\partial P^H}{\partial e}\frac{e}{P^H} = -\left(\frac{1-\eta^{we}}{1-\eta^{mH}}\right) \geqslant -1$。

假设 F 国的生产过程只采用 F 国的中间投入品，那么中间投入品要素价格 w 不受汇率影响，所以 $\eta^{we} = 0$。如果此时成本加成为常数，则 $\eta^{mH} = 0$，此时 $ERPT = -1$，那么汇率传递是完全的，这意味着汇率变动没有被成本加成吸收，而是完全反映在价格上。假设 F 国的生产过程只采用 H 国的中间投入品，那么中间投入品要素价格 w 的变动完全受汇率影响，因此有 $\eta^{we} = 1$，此时汇率变动完全由中间投入品的价格和成本加成吸收，因此 $ERPT = 0$，此时不存在汇率传递。

进一步，根据式（3.8）和式（3.11）整理可得，

$$ERPT = -\left(\frac{1-\eta^{we}}{1-\eta^{mH}}\right)+\frac{w\phi''m^{H}}{P^{H}(1-\eta^{mH})} = -\left(\frac{1-\eta^{we}}{1-\eta^{mH}}\right)+\frac{\phi''e}{\phi'(1-\eta^{mH})} \tag{3.12}$$

当边际成本不衡为常数时，那么 $w\phi''$不一定等于0。假定边际成本 $\phi''\geqslant 0$，则其一阶导数 ϕ'可能为正数也可能为负数，若假定边际成本 $\phi''<0$，其一阶导数 ϕ'也可能为正数或负数，因此，汇率传递弹性系数 *ERPT* 有可能大于等于0也有可能小于0。

3.2 汇率非对称传递的理论模型

3.2.1 汇率变动方向上的非对称传递

3.2.1.1 汇率变动方向上的非对称传递基本模型

在波拉德和库格林（2004）之前，大多数文献都假定汇率传递的程度与汇率变动的方向无关。而波拉德和库格林（2004）指出汇率传递的程度可能在货币升值或贬值时并不相同。

1. 第一种情况：本币贬值时

根据前述分析，当 *H* 国货币贬值，生产过程只使用 *H* 国的中间投入品，且成本加成为常数时，可以判断外国厂商主要有三种选择方案。此时 $ERPT\equiv\frac{\partial P^{H}}{\partial e}\frac{e}{P^{H}} = -\left(\frac{1-\eta^{we}}{1-\eta^{mH}}\right)$。

方案3-1-1：无汇率传递。

当 *H* 国汇率贬值，即 $e\downarrow$ 时，外国厂商为了维持其出口产品的 *H* 国价格，即 P^{H} 不变，只能通过减少其成本加成达到此目的，即 $\eta^{mH}\downarrow$，此时汇率变动并不会影响进口价格变动，即 $ERPT=0$ 无汇率传递。由于 X^{H} 在 *H* 国的价格维持不变，因此，其在 *H* 国的市场份额不会改变，即销售量会保持不变，然而外国厂商实际收到的价格会下降，$eP^{H}\downarrow$，因此在这种情况下外

国厂商的利润有所降低。

方案3－1－2：汇率完全传递。

当 H 国汇率贬值，即 $e\downarrow$ 时，外国厂商维持现有的生产成本，即 η^{mH} 不变。为了维持外国厂商的出口价格不变，即 eP^H 保持不变，外国厂商通过增加 X^F 的 H 国价格（$P^H\uparrow$）来完全应对贬值的效应，此时价格上升的幅度等于汇率变动幅度时，$ERPT=-1$，汇率完全传递，然而这样会使其失去一部分市场份额，从而导致 X^H 的销量下降，进而减少以外币计价的毛利和最终利润。利润下降的程度取决于商品 X^H 在 H 国的需求弹性 ε^H。

方案3－1－3：汇率不完全传递。

当 H 国汇率贬值，即 $e\downarrow$ 时，外国厂商可以选择方案3－1和方案3－2两者之间折中的方案，即上调价格，使得 P^H 上升幅度小于汇率变动幅度，此时 $-1<ERPT<0$，汇率不完全传递。

2. 第二种情况：本币升值时

外国厂商更愿意看到本国货币升值时的情况。这时外国厂商可以选择维持 P^H 不变从而提高成本加成（此时无汇率传递），或者通过降低价格 P^H 来与升值保持一致，这样就可以提高市场份额（此时为完全汇率传递），再或者是这两种情况的折中选择。无论哪种情况对于外国厂商来说都是有利的。

方案3－2－1：无汇率传递。

当 H 国汇率升值，即 $e\uparrow$ 时，外国厂商可以选择维持 P^H 不变，此时无汇率传递。出口价格 eP^H 会提高，而 X^H 保持不变，所以外国厂商以外币计价的利润增加。

方案3－2－2：汇率完全传递。

当 H 国汇率升值，即 $e\uparrow$ 时，外国厂商通过降低价格 P^H 来与升值保持一致，这样就可以提高市场份额完全汇率传递，从而 eP^H 不变而销量 X^H 提高，外国厂商的利润仍然增加。

方案3－2－3：汇率不完全传递。

当 H 国汇率升值，即 $e\uparrow$ 时，外国厂商选择降低价格 P^H，但是下降幅度小于汇率升值幅度，此时汇率不完全传递时，eP^H 和 X^H 均提高，所以利润仍然会增加。在本币贬值的情况下，外国厂商利润变动的程度取决于汇率

传递过程中 H 国的需求弹性 ε^{H}。同样地，在本币升值时，在生产过程中使用 F 国的中间投入品会中和掉一部分汇率升值对利润造成的影响，否则 $\eta^{we}=1$。

由上述分析可知，当汇率升值和贬值时，汇率传递可能存在不对称的效应。而根据第2章的文献综述可以知道，决定汇率变动方向对传递效应的影响因素较多，本书根据波拉德和库格林（2004）的相关分析归纳整理并进行了相应拓展，得出以下几种影响因素的模型。而这些模型都是基于依市定价理论，这个理论常常被用来解释汇率的不完全传递。

3.2.1.2 汇率升值时的汇率传递效应大于贬值时

1. 市场份额说

假设一个厂商的目标是维持在 H 国的市场份额，那么该厂商在制定决策时会有以下两种选择：第一种策略是不论汇率 e 如何变动，保持价格 P^{H} 不变。在这样一种情况下，在汇率贬值时期利润的下降可能会通过汇率升值时期利润的上升弥补回来；第二种策略是当本币升值时，外国厂商通过调整其成本加成来增加市场份额，当本币贬值时，维持其市场份额。在第二种策略下，汇率传递是非对称的。当本币升值时，汇率对价格 P^{H} 的传递效应更高，反之则反是。第一种策略下隐含的意义是汇率传递是对称的，而第二种策略汇率传递则是非对称的。

为了检验第二种策略，假设在本国市场上，外国厂商从来不会将商品 X^{H} 的价格 P^{H} 提高到高于其替代品 y 的价格。外国厂商通过比较 P^{y} 和 P^{H} 来决定最大价格，此时有 $P^{H}\leqslant P^{y}$。

因此，汇率传递弹性系数可表述为：

$$ERPT\equiv\frac{\partial P^{H}}{\partial e}\frac{e}{P^{H}}=-\frac{1-\eta^{we}}{1-\eta^{mH}}\qquad 当\ e\uparrow，P^{H}<P^{y}; \tag{3.13}$$

$$ERPT\equiv\frac{\partial P^{H}}{\partial e}\frac{e}{P^{H}}=0\qquad 当\ e\downarrow，P^{H}=P^{y} \tag{3.14}$$

当 $P^{H}<P^{y}$，且本币升值时，外国厂商可以维持或小幅提高其成本加成，从而导致 P^{H} 下降，此时出现汇率传递效应，市场份额增加。而当 $P^{H}=P^{y}$，且本币贬值时，外国厂商会通过降低成本加成来维持价格 P^{H} 的稳定，从而维持 H 国的市场份额，此时汇率传递效应为0。因此市场份额说认为，汇率

升值时的传递效应大于汇率贬值时的传递效应。

2. 生产转换说

韦伯（Webber，2000）提出了另一种汇率传递非对称的路径，他指出外国厂商会在进口中间投入品和本国生产的中间投入品之间进行选择，而选择的标准在于两者价格的比较。这样，汇率传递只取决于成本加成弹性，如式（3.15）、式（3.16）所示：

$$ERPT \equiv \frac{\partial P^H}{\partial e}\frac{e}{P^H} = -\frac{1}{1-\eta^{mH}} \qquad 当 e\uparrow,\ \eta^{we}=0; \tag{3.15}$$

$$ERPT \equiv \frac{\partial P^H}{\partial e}\frac{e}{P^H} = 0 \qquad 当 e\downarrow,\ \eta^{we}=1 \tag{3.16}$$

当本币升值时，外国厂商只会使用 F 国的中间投入品，这样 $\eta^{we}=0$。而当本币贬值时，外国厂商只会使用 H 国的中间投入品，所以 $\eta^{we}=1$，这时汇率传递效应等于 0。因此生产转换说认为，汇率升值时的传递效应大于汇率贬值时的传递效应。

3.2.1.3 汇率贬值时的汇率传递效应大于升值时

1. 数量限制说

数量限制说认为汇率贬值较升值的传递效应更大。数量限制之所以会产生是因为贸易限制的存在，诸如配额或自发的出口限制等进口限制条件。鲍德温（1988）在其瓶颈模型中指出，数量限制还可能因为厂商没有能力扩张产能而发生。

当本币升值（$e\uparrow$）时，受生产能力或贸易限制，外国厂商增加销量的能力有限，在这种情况下，外国厂商只能通过提高成本加成来维持 P^H 不变，从而来提高它的边际利润。这是因为如果降低 P^H，而销量因受数量的限制而无法提高，则会导致利润受损。因此在这种情况下，汇率升值的汇率传递效应为 0。当本币贬值（$e\downarrow$）时，厂商可能会减少其成本加成，但仍然会允许价格 P^H 有所提高，这时厂商的生产能力高于市场份额，在产品数量上则没有限制。因此，数量限制说认为当本币贬值时汇率传递效应高于本币升值时的传递效应。

在这种情况下：

$$ERPT \equiv \frac{\delta P^H}{\delta e}\frac{e}{P^H} = 0 \qquad 当 e\uparrow，X = X_{\max}； \tag{3.17}$$

$$ERPT \equiv \frac{\partial P^H}{\partial e}\frac{e}{P^H} = -\frac{1-\eta^{we}}{1-\eta^{mH}} \qquad 当 e\downarrow，X < X_{\max} \tag{3.18}$$

2. 市场结构说

曹伟、赵颖岚和倪克勤（2012）认为是垄断导致了汇率升值和贬值时不同程度的传递效应，并且本币升值时的传递效应比本币贬值时的传递效应小。假设外国厂商在本国市场上具有一定的垄断程度，那么外国厂商对商品 X^H 的定价很可能超过本国的替代品 y 的销售价格。

因此，汇率传递弹性系数可以表示为：

$$ERPT \equiv \frac{\partial P^H}{\partial e}\frac{e}{P^H} = 0 \qquad 当 e\uparrow，P^H = P^y； \tag{3.19}$$

$$ERPT \equiv \frac{\partial P^H}{\partial e}\frac{e}{P^H} = -\frac{1-\eta^{we}}{1-\eta^{mH}} \qquad 当 e\downarrow，P^H > P^y \tag{3.20}$$

当本币升值（$e\uparrow$）时，外国厂商会通过维持价格 P^H 不变的策略来增加外国厂商的利润水平，此时汇率传递效应较低或没有传递效应。而当本币贬值（$e\downarrow$）时，外国厂商利用垄断地位来维持成本加成不变，从而抬高价格 P^H，使得 $P^H > P^y$，此时汇率传递效应较高。因此，市场结构说认为，汇率贬值时的传递效应大于汇率升值时的传递效应。

3.2.2　汇率变动幅度上的非对称传递

根据第2章的文献综述可知，厂商对于不同程度的汇率变动可能会有非对称的反应。例如，波拉德和库格林（2004）认为菜单成本的存在可能会导致汇率传递在大幅汇率波动和小幅汇率波动时产生非对称效应。这是因为 F 国厂商调整其在 H 国商品的价格时面临着菜单成本，因此只有当汇率变动引起的价格变动超过厂商的菜单成本时，外国厂商才会调整价格。而到底是汇率波动幅度大时传递效应更高，还是汇率波动幅度小时传递效应更高，取决于商品 X^H 的价格以何种货币计价。

同样的，价格刚性也会影响汇率较大波幅和较小波幅时汇率传递效应的不对称。在本国汇率升值或贬值时，外国厂商通常不会迅速改变商品价格，只有当汇率累积变动幅度超过一定临界值时，外国厂商才会重新设定价格。而到底是汇率波动幅度大时传递效应更高，还是汇率波动幅度小时传递效应更高，同样取决于商品 X^H 的价格以何种货币计价。

3.2.2.1　汇率波幅大时汇率传递效应大

假定进口商品 X^H 以 H 国货币定价，给定一个汇率的小幅波动。由于存在菜单成本或价格刚性，此时外国厂商会维持 H 国的进口价格 P^H 不变，并通过其实际收到的 F 国的出口价格 eP^H 来吸收这种汇率的小幅变动，在这种情况下汇率传递效应为 0。

而如果汇率波动幅度较大，那么外国厂商就会调整价格 P^H。这时，如果 P^H 和 eP^H 同时改变，那么汇率传递就不完全；如果仅仅只是 P^H 改变而 eP^H 不改变，那么汇率传递就是完全的。

在这种情况下，汇率较大波幅比汇率较小波幅时的传递效应更高。此时，汇率传递弹性系数可以表示为：

$$|ERPT| \equiv \left|\frac{\partial P^H}{\partial e}\frac{e}{P^H}\right| = 0 \qquad \text{当 } \Delta e \leqslant \lambda,\ \Delta P^H = 0 \tag{3.21}$$

$$|ERPT| \equiv \left|\frac{\partial P^H}{\partial e}\frac{e}{P^H}\right| = \frac{1-\eta^{we}}{1-\eta^{mH}} \qquad \text{当 } \Delta e > \lambda,\ \Delta P^H \neq 0 \tag{3.22}$$

其中，λ 表示汇率波动幅度的临界值。

3.2.2.2　汇率波幅小时汇率传递效应大

假定进口商品 X^H 以 F 国货币计价，由于存在菜单成本和价格刚性，汇率的较小波幅不会对外国厂商实际收到的价格 eP^H 产生影响，但是却会完全影响到进口国商品价格 P^H。此时汇率传递是完全的。当汇率波动幅度较大时，出口商会调整 eP^H，从而降低汇率传递的效果。此时，当汇率波幅较小时，汇率的传递效应更大。

在这种情况下，汇率变化的传递效应正好与上述推导相反，汇率传递弹性系数可以表示为：

$$|ERPT| \equiv \left|\frac{\partial P^H}{\partial e}\frac{e}{P^H}\right| = \frac{1-\eta^{we}}{1-\eta^{mH}} \qquad \text{当 } \Delta e \leqslant \lambda,\ \Delta P^H \neq 0 \tag{3.23}$$

$$|ERPT| \equiv \left|\frac{\partial P^H}{\partial e}\frac{e}{P^H}\right| = 0 \qquad \text{当 } \Delta e > \lambda,\ \Delta P^H = 0 \tag{3.24}$$

3.2.3 随时间变化的汇率非对称传递

在不同时间周期上的非对称传递理论分为两种情况，第一种分别讨论汇率变动在短期、中期、长期等不同时间长度上的汇率传递弹性系数是否不同；第二种是发生结构性变化前后汇率传递弹性系数是否不同。

3.2.3.1 不同时间周期上的非对称传递

本章在前人研究的基础上构建了不同时间周期上非对称传递的理论模型，是本书的创新点之一，其中包括汇率传递效应随时间衰退的衰退性理论和汇率传递效应存在滞后作用的滞后性理论。

1. 衰退性理论

由于在汇率发生变动后，厂商会调整其价格，汇率波动短期内会传递到价格上。然而由于使得汇率传递的诱因会随着时间的推移而逐渐弱化或消失，此时汇率传递的长期效应会逐渐减弱。因此在这种情况下，汇率传递在长期的传递效应小于短期的传递效应，可用式（3.25）表示：

$$|ERPT_L| \equiv \left|\frac{\partial P_L^H}{\partial e}\frac{e}{P_L^H}\right| = \left(\frac{1-\eta_L^{we}}{1-\eta_L^{vH}}\right) < |ERPT_S| \equiv \left|\frac{\partial P_S^H}{\partial e}\frac{e}{P_S^H}\right| = \left(\frac{1-\eta_S^{we}}{1-\eta_S^{vH}}\right) \tag{3.25}$$

其中，L 表示长期，S 表示短期。

2. 滞后性理论

由于汇率传递是一个多环节的动态过程，在进出口过程中订货或交割任何一个环节的延长，都可能引起汇率传递的滞后反应，这可能使得汇率传递的效应在短期内较小，而在长期传递较为充分。除此之外，汇率的持久性波动也会使得汇率传递在其诱因消失后并不会马上停止传递，而是仍然持续存在，可能会出现汇率传递的滞后性。根据滞后性理论，短期的汇率传递弹性系数应小于长期的汇率传递弹性系数，公式如式（3.26）所示：

$$|ERPT_L| \equiv \left|\frac{\partial P_L^H}{\partial e}\frac{e}{P_L^H}\right| = \left(\frac{1-\eta_L^{we}}{1-\eta_L^{vH}}\right) > |ERPT_S| \equiv \left|\frac{\partial P_S^H}{\partial e}\frac{e}{P_S^H}\right| = \left(\frac{1-\eta_S^{we}}{1-\eta_S^{vH}}\right) \tag{3.26}$$

其中，L 表示长期，S 表示短期。

3.2.3.2 结构性变化前后的非对称传递

由于政治、军事、经济环境以及汇率政策发生重要的改变，可能会导致结构性变化前和结构性变化后汇率传递效应发生变化，这是因为这些变化可能带来市场结构的深刻改变，诸如替代商品、通货膨胀环境以及厂商的成本等方面都可能发生改变，因而会对传递效应产生影响。用公式可表示为：

$$|ERPT_b| \equiv \left|\frac{\partial P_b^H}{\partial e}\frac{e}{P_b^H}\right| = \left(\frac{1-\eta_b^{we}}{1-\eta_b^{vH}}\right) \neq |ERPT_a| \equiv \left|\frac{\partial P_a^H}{\partial e}\frac{e}{P_a^H}\right| = \left(\frac{1-\eta_a^{we}}{1-\eta_a^{vH}}\right) \tag{3.27}$$

其中，a 表示结构性变化前，b 表示结构性变化后。

第4章　基于汇率波动方向的实证研究

4.1　计量模型简介

国内外大部分研究汇率传递的文献都是在判断汇率传递系数的大小和方向，国外的研究基本都得出了汇率传递系数符号为负数，即汇率升值会导致物价下跌、汇率贬值会导致物价上涨的结论。然而国内的研究结论则在汇率传递系数符号方面出现了非常明显的差异。部分学者认为汇率传递系数符号在整个样本期内均为负，即汇率的正向变化会对国内物价具有反向的传导作用，汇率升值会导致物价水平的降低（封北麟，2006；杨宇俊、门明和李伟平，2009；常婧、龙少波和陈立泰，2019）。但与此相反，另一部分学者却在样本期内得出了符号为正的汇率传递系数，即发生了“逆传递”（吕剑，2007；张纯威，2008；曹伟、罗浩和邓升军，2009；张天顶、钟雨汝和唐夙，2019）。而更有一些学者甚至还在样本期内得出了汇率传递系数符号既有正数又有负数的结论（倪克勤和曹伟，2009；李颖和栾培强，2010；潘锡泉和项后军，2010；黄寿峰、陈浪南和黄榆舒，2011；项后军和许磊，2011）。汇率传递系数符号为正意味着汇率的正向变化会导致物价水平发生同样的正向变化，也就是说，此时汇率升值不仅不会对物价起到抑制作用，反而会起到“推波助澜”的作用，这与中国经济发展过程中对内贬值对外升值的一段特殊历史时期是保持一致的。实际上汇率变化与国内物价之间并不存在绝对的正相关或绝对负相关的简单对应关系（王仁言，2003），我国的汇率和价格之间的传递效应，还存在某些国外文献未有涉及的独特的“本土特征”。

国内外大部分研究汇率非对称传递的文献都是基于汇率波动方向的角度展开的，其中研究人民币汇率传递非对称的文献也主要是研究人民币升值一个单位和人民币贬值一个单位对汇率传递效应的不同影响。其中，曹伟和倪克勤（2010）采用滚动回归分析方法，通过设置虚拟变量、运用门限模型等计量方法考察了人民币汇率变动对于我国进口价格水平传递效应的非对称性特点，结果表明人民币贬值对进口价格存在较高的传递效应，而人民币升值对进口价格的传递效应较小。进一步曹伟、赵颖岚和倪克勤（2012）同样采用了滚动回归、设置虚拟变量的分析方法探讨了汇率波动方向上的非对称效应，发现人民币贬值较升值对原油进口价格的传递效应更大。姜昱、邢曙光和杨胜刚（2010）同样从汇率波动方向的角度，通过设置虚拟变量、运用门限回归模型等计量方法，利用中国与17个主要贸易伙伴1994~2008年的年度数据得到人民币汇率传递存在非对称现象的结论。朱亚莉（2013）采用滚动回归和STAR模型分别分析了汇率不完全传递对进口价格影响的非对称性，发现人民币汇率的贬值对进口价格指数的传递效应大于升值时传递的效应。谢博婕、西村友作和门明（2014）通过门限回归模型发现人民币升值对生产者价格和消费者价格的影响可以忽略，然而人民币贬值对两者的影响显著。贾凯威（2016）则采用了ARDL模型发现人民币贬值对消费者价格的影响大于同等程度人民币升值对价格的影响。张天顶、钟雨汝和唐夙（2019）通过设置虚拟变量同样发现人民币贬值对我国制造业进口价格的传递效应更大。

这些研究大部分都采用了线性的模型来研究汇率与价格的传导机制。然而，传统的线性协整与误差修正模型（ECM）是有偏估计，因为这类模型没有考虑到市场结构或市场信息的不对称可能会引起传导过程的非线性。有一些研究开始关注人民币汇率与价格之间传导的非线性以及非对称性。然而正如上所述，他们没有建立起对这种非对称性的统一结论。由于一般认为汇率具有非线性特征，因此本书试图找出一种非线性模型来检验汇率对价格的传递效应。

非线性自回归分布滞后（NARDL）模型是线性ARDL模型的非线性、

非对称扩展形式，可以用于检验解释变量正向变动和负向变动分别对被解释变量有何种程度的影响。NARDL模型最早由佩萨兰、西恩和史密斯（Pesaran, Shin and Smith, 2001）提出并由西恩、于和格林伍德（Shin, Yu and Greenwood, 2014）改进。该模型是由一个动态误差修正模型和一个长期非对称协整回归模型组合起来的，其通过构造变量的正分解总和与负分解总和（partial sum decomposition）来引入非对称。NARDL模型通过同时构建长期关系和动态调整形式，不仅可以判断在传导机制中正向冲击和负向冲击的非对称效应，还可以在传导机制中同时捕捉短期和长期的非对称。

NARDL模型相较于已有的机制转换技术而言有许多优点。第一，当解释变量 X_t 被分解成 X_t^+ 和 X_t^-，可以用传统的标准最小二乘法（OLS）来估计。第二，该模型的虚拟假设可由佩萨兰、西恩和史密斯（2001）提出的（非标准的）边限检验（bound test）技术来检测，并且不论时间序列 X_t 是何种性质，该检验都是有效的。第三，长期和短期非对称性都可以由标准Wald检验得到。第四，即使各变量不是同阶单整序列，依然可以准确地检测出非线性协整和误差修正项的结果。

因此，本章在前人研究的基础上，选择非线性自回归分布滞后（NARDL）模型进行研究，由于该方法可以将汇率的正向变动和汇率的负向变动分解开来分析，因此该方法在检验汇率升值和贬值对价格传递效应非对称的问题上具有显著的优势。该模型既考虑了汇率与价格之间的长期协整关系，也能考虑到它们之间的短期关系，同时又能够将非线性和非对称效应考虑进来。另外，它还能捕捉在前人的研究中被忽略的汇率与价格之间的长期关系（波拉德和库格林，2004；布西埃，2013）。

另外，本章选用了1996年10月~2015年12月样本区间内的月度数据，分别考察了汇率对进口价格、汇率对生产者价格以及汇率对消费者价格传导的非对称特性。

4.2 NARDL模型

我们将非对称协整关系定义如下：

$$y_t = \beta^+ X_t^+ + \beta^- X_t^- + \mu_t \tag{4.1}$$

y_t 是 $k \times 1$ 阶在 t 时期的被解释变量，X_t 是 $k \times 1$ 阶在 t 时期的解释变量，在本书中由于研究的是汇率变动对不同价格变动的传递效应，因此解释变量均为汇率。将解释变量分解为 X_t^+ 和 X_t^- 两部分，分别代表 X_t 的正向和负向变动的加总，其中：

$$X_t^+ = \sum_{j=1}^{t} \Delta X_j^+ , \ X_t^- = \sum_{j=1}^{t} \Delta X_j^- , \tag{4.2}$$

$$\Delta X_j^+ = \max(\Delta X_j, 0) , \ \Delta X_j^- = \min(\Delta X_j, 0) \tag{4.3}$$

其中，$X_t = X_0 + X_t^+ + X_t^-$。这个分解求和的过程将本国货币升值 X_t^+ 和贬值 X_t^- 区分开来，本书的汇率采用间接标价法。不失一般性地将初始值 X_0 设为零。

等式（4.1）即是基于传统对称的 $X_t = X_t^+ = X_t^-$ 的非对称的长期均衡关系。在等式（4.1）中 β^+ 和 β^- 是长期非对称系数，表明被解释变量对解释变量的上升和下降的非对称反应。μ_t 是均值为零的平稳误差过程，它代表的是 y_t 对其长期均衡路径的偏离。通过在等式（4.1）中嵌入 $ARDL(p, q)$ 的形式，西恩、于和格林伍德（2009；2014）得到以下有非对称协整关系的误差修正模型，如式（4.4），即非线性自回归分布滞后（NARDL）模型。

$$\Delta y_t = \rho y_{t-1} + \theta^+ X_{t-1}^+ + \theta^- X_{t-1}^- + \sum_{j=1}^{p} \varphi_j \Delta y_{t-j} + \sum_{j=0}^{q} (\pi_j^+ \Delta X_{t-j}^+ + \pi_j^- \Delta X_{t-j}^-) + \varepsilon_t \tag{4.4}$$

这里，$\varepsilon \sim i.i.d.(0, \sigma^2)$。

NARDL 模型最主要的功能在于能够给出第 3 章中理论模型推导出的汇率传递弹性系数（$ERPT$）。

升值时长期弹性系数为：$ERPT_L^+ = \beta_L^+ = -\theta^+/\rho$ （4.5）

贬值时长期弹性系数为：$ERPT_L^- = \beta_L^- = -\theta^-/\rho$ （4.6）

升值时短期弹性系数为：$ERPT_S^+ = \beta_S^+ = -\sum_{j=0}^{q} \pi_{t-j}^+ / \sum_{j=1}^{p} \varphi_{t-j}$ （4.7）

贬值时短期弹性系数为：$ERPT_S^- = \beta_S^- = -\sum_{j=0}^{q} \pi_{t-j}^- / \sum_{j=1}^{p} \varphi_{t-j}$ （4.8）

其中，L 表示长期，S 表示短期。

长期均衡关系的显著性可以由佩萨兰、西恩和史密斯（2001）提出的

F_{PSS}检验值判断，或者由班纳吉、多拉多和梅斯特（Banerjee，Dolado and Mestre，1998）提出的 t_{BDM}检验值判断。F_{PSS}检验是一种非标准的 F 检验，式（4.4）的虚拟假设为 H_0：$\rho=\theta^{+}=\theta^{-}=0$。而 t_{BDM}检验是一种非标准的 t 检验，其单一限制条件为 H_0：$\rho=0$，备择假设为 H_1：$\rho<0$。在这两种检验中，我们都采取佩萨兰、西恩和史密斯（2001）提出的边限检验来计算临界值，这个检验对于不同平稳性质的变量都是有效的。这也就是说在本书所采用的 NARDL 中，变量可以为平稳序列 I（0），也可以为一阶单整序列 I（1）。

NARDL 模型之所以可以被用于分析汇率传递问题，是因为在这个模型中只有变量是非线性的，而参数是线性的，因此可以用 OLS 来估计参数。另外，这个模型可以适应短期和长期的非对称，并且适用于大量简单的汇率传递模型。例如，当限制条件 $\beta_L^{+}=\beta_L^{-}=\beta_L$ 成立时，意味着长期 *ERPT* 是对称的。而当 $\sum_{j=0}^{q}\pi_j^{+}=\sum_{j=0}^{q}\pi_j^{-}$ 时，短期 *ERPT* 是对称的。

因此综上所述，NARDL 模型相较于已有的机制转换技术而言具有许多优点。第一，当解释变量 X_t 被分解成 X_t^{+} 和 X_t^{-}，式（4.4）就可以用传统的标准最小二乘法（OLS）来估计。第二，该模型的虚拟假设为 y_t，X_t^{+} 和 X_t^{-} 之间不存在长期关系（即，$\rho=\theta^{+}=\theta^{-}=0$），该假设可由佩萨兰、西恩和史密斯（2001）提出的（非标准的）边限检验技术来检测，并且不论时间序列 X_t 是何种性质，该检验都是有效的。第三，长期和短期非对称性都可以由标准 Wald 检验得到。

根据第 3 章理论模型中推导出的 *ERPT* 弹性系数表达式，以及结合式（4.5）~式（4.8），我们对汇率对价格传递的程度以及其非对称的性质进行假设。

假设 4－1（长期无汇率传递）：

升值时虚拟假设为 H_0^{1+}：$\beta_L^{+}=0$，贬值时虚拟假设为 H_0^{1-}：$\beta_L^{-}=0$；备择假设分别为：H_1^{1+}：$\beta_L^{+}>0$，H_1^{1-}：$\beta_L^{-}>0$。

假设 4－2（长期汇率完全传递）：

升值时虚拟假设为 H_0^{2+}：$\beta_L^{+}=1$，贬值时虚拟假设为 H_0^{2-}：$\beta_L^{-}=1$；备择假设分别为：H_1^{2+}：$\beta_L^{+}<1$，H_1^{2-}：$\beta_L^{-}<1$。

假设 4－3（长期汇率传递对称）：

虚拟假设为 H_0^{3+}：$\beta_L^+=\beta_L^-$，备择假设为 H_1^{3+}：$\beta_L^+\neq\beta_L^-$。

假设 4-4（短期无汇率传递）：

升值时虚拟假设为 H_0^{4+}：$\sum_{j=0}^{q}\pi_j^+=0$，贬值时虚拟假设为 H_0^{4-}：$\sum_{j=0}^{q}\pi_j^-=0$；备择假设分别为：H_1^{4+}：$\sum_{j=0}^{q}\pi_j^+>0$，H_1^{4-}：$\sum_{j=0}^{q}\pi_j^->0$。

假设 4-5（短期汇率完全传递）：

升值时虚拟假设为 H_0^{5+}：$\sum_{j=0}^{q}\pi_j^+=1$，贬值时虚拟假设为 H_0^{5-}：$\sum_{j=0}^{q}\pi_j^-=1$；备择假设分别为：H_1^{5+}：$\sum_{j=0}^{q}\pi_j^+<1$，H_1^{5-}：$\sum_{j=0}^{q}\pi_j^-<1$。

假设 4-6（短期汇率传递对称）：

虚拟假设为 H_0^6：$\sum_{j=0}^{q}\pi_j^+=\sum_{j=0}^{q}\pi_j^-$，备择假设为 H_1^6：$\sum_{j=0}^{q}\pi_j^+\neq\sum_{j=0}^{q}\pi_j^-$

以上 6 个假设均可以由标准渐进 Wald 检验和 t 检验进行检验。另外，为了保证结果的稳健性，本书采用了西恩、于和格林伍德（2014）提出的非对称拔靴检验，这是基于累积动态乘数计算出的式（4.4）中的 NARDL 模型在水平向参数化的递归参数，将动态参数定义为 m_h^+ 和 m_h^-，这两个动态参数追寻的是进口价格和国内价格分别对 1 单位的升值和贬值的反应在 $h=0, 1, 2, \cdots, H$ 时期内的演化轨迹。$m_h^+-m_h^-$ 的线性组合可以测量 h 时期汇率传递的非对称性。在 $m_h^+-m_h^-$ 附近的拔靴置信区间可以用于检测在 h 时期的非对称性是否是统计显著的，拔靴方法相对于渐进方法主要有两个优点。第一，它在小样本中也是有效的，本书的样本相对而言较小。第二，基于动态乘数的拔靴检验方法可以用于估计任何时期的非对称性。

通过 OLS 估计我们可以得到式（4.4）中完全和不完全、对称和非对称、短期和长期的汇率传递效应。另外，根据西恩、于和格林伍德（2014），我们可以运用 NARDL 模型来推导 X_t 每变动 1 单位对 y_t 的非对称累积动态乘数效应。通过构建式（4.9）中的 m_h^+ 和 m_h^-（$h=0, 1, 2, \cdots, H$），NARDL 模型可以在一个解释变量受到冲击后，从最初的均衡追溯到新的长期稳态。

$$m_h^+=\sum_{j=0}^{h}\frac{\partial y_{t+j}}{\partial X_t^+},\ m_h^-=\sum_{j=0}^{h}\frac{\partial y_{t+j}}{\partial X_t^-},\ h=0, 1, 2, \cdots, H \tag{4.9}$$

4.3　实证模型设计

根据第 2 章的文献综述可知，汇率传递效应受到诸多因素影响，如“依市定价说”“市场份额说”“数量限制说”“生产转换说”以及“市场结构说”等理论均解释了汇率升值和汇率贬值时汇率传递的非对称性。因此本章依据这些理论，从直接传递效应和间接传递效应的角度，分别选取了不同的控制变量来解释汇率传递的非对称性。

4.3.1　汇率变动对进口价格传递的 NARDL 模型

根据上述这些理论，对进口价格的汇率传递有影响的控制变量有进口依存度、进口替代程度、国内的潜在需求以及外国厂商的生产成本等。

（1）克鲁格曼（1987）提出的依市定价模型中将汇率传递的程度与进口依存度（import dependence）联系起来，进口依存度指的是在给定的目标国市场中，进口厂商的数量比上本国厂商的数量。他指出进口依存度较低的市场汇率传递程度较高。根据布鲁恩、阿奎尔、弗尔特斯和格林伍德·尼莫（Brun - Aguerre，Fuertes and Greenwood - Nimmo，2017）的定义，进口依存度可以表示为 $ID_t = \frac{IM_t}{GDP_t - EX_t}$，其中 IM_t 表示进口总额，GDP_t 表示名义产出，EX_t 表示出口总额。在进口依存度较小的国家，汇率传递效应较大。

（2）根据“生产转换说”理论，汇率同一单位的升值和贬值对价格的传递效应程度大小不一的原因在于，外国厂商往往需要通过进口部分本国的生产要素进行产品生产，因而本国进口替代品的价格也会影响汇率传递效应。本书依据曹伟和倪克勤（2010）、杜运苏（2010）的设置，选取中国的生产者物价指数 PPI 代表我国进口替代品的价格，记为 PPI_t。

（3）产出缺口衡量的是国内潜在需求和经济周期所处的阶段，当产出缺口为正时表明经济运行已经超过了其潜在值，而当产出缺口为负时表明经济运行低于其潜在值。乔杜里和哈库拉（Choudhri and Hakura，2006）指出如果外国出口商希望通过吸收其边际利润中的汇率波动，那么就可以相应地提高销量，并填补缺口。将产出缺口表示为 $GAP_t = \frac{GDP_t - GDP_t^*}{GDP_t^*} \times 100$，其中产出趋势项 GDP_t^* 由 HP 滤波计算得出。

（4）根据汇率间接传递理论中讨论的“生产成本机制”理论，外国厂商的生产成本也会对进口价格和汇率传递效应产生影响。本书将外国的生产成本简化为外国的物价水平，依据谢博婕、西村友作和门明（2014）的设定，本书选取全球范围的商品价格指数（all commodities index）来代表外国厂商的生产成本，记为 P_t^*。

在这里，将 $y_{1,t}$ 定义为中国的进口价格水平，X_t 定义为名义汇率，控制变量分别为进口依存度 ID_t、进口替代品价格 PPI_t、产出缺口 GAP_t 和外国生产成本 P_t^*。

因此，本书从汇率波动方向的角度建立汇率对进口价格传递的 NARDL 模型如下：

$$\begin{aligned}\Delta y_{1,t} &= \rho_1 y_{1,t-1} + \theta_1^+ X_{t-1}^+ + \theta_1^- X_{t-1}^- + \gamma_1 Z_{1,t-1} + \sum_{j=1}^{p} \varphi_{1,j} \Delta y_{1,t-j} \\ &\quad + \sum_{j=0}^{q} (\pi_{1,j}^+ \Delta X_{t-j}^+ + \pi_{1,j}^- \Delta X_{t-j}^-) + \sum_{j=0}^{q} \phi_{1,j} \Delta Z_{1,t-j} + \varepsilon_t \end{aligned} \tag{4.10}$$

其中，$Z_{1,t} = (ID_t, PPI_t, GAP_t, P_t^*)$，$p = q + 1$，$q = 0, 1, 2, \cdots$。

因此，可以将式（4.10）写成：

$$\begin{aligned}\Delta y_{1,t} &= \rho_1 y_{1,t-1} + \theta_1^+ X_{t-1}^+ + \theta_1^- X_{t-1}^- + \gamma_1 Z_{1,t-1} + \sum_{j=1}^{p} \varphi_{1,j} \Delta y_{1,t-j} \\ &\quad + \sum_{j=0}^{p-1} (\pi_{1,j}^+ \Delta X_{t-j}^+ + \pi_{1,j}^- \Delta X_{t-j}^-) + \sum_{j=0}^{p-1} \varphi_{1,j} \Delta Z_{1,t-j} + \varepsilon_t \end{aligned} \tag{4.11}$$

其中，$Z_{1,t} = (ID_t, PPI_t, GAP_t, P_t^*)$，$p = 1, 2, 3, \cdots$。

4.3.2 汇率变动对生产者价格传递的 NARDL 模型

根据刘亚、李伟平和杨宇俊（2008）以及谢博婕、西村友作和门明（2014）的设置，可以将汇率对国内生产者价格传递的控制变量分为国外控制变量和国内控制变量两部分，国外控制变量为国外价格指数，这里同上选取全球范围的商品价格指数（all commodities index）代表国外价格水平，也是代表外国厂商的生产成本，记为 P_t^*。而国内的控制变量有衡量潜在需求和经济周期阶段的产出缺口，记为 GAP_t；以及衡量本国厂商成本加成以及需求状况的国内产出水平，记为 GDP_t。

在这里，将 $y_{2,t}$ 定义为中国的生产者价格水平，X_t 定义为名义汇率，控制变量分别为进口依存度 ID_t、产出缺口 GAP_t 和外国生产成本 P_t^*。因此，本书从汇率波动方向的角度建立汇率对生产者价格传递的 NARDL 模型如下：

$$\Delta y_{2,t} = \rho y_{2,t-1} + \theta_2^+ X_{t-1}^+ + \theta_2^- X_{t-1}^- + \gamma_2 Z_{2,t-1} + \sum_{j=1}^{p} \varphi_{2,j} \Delta y_{2,t-j} + \sum_{j=0}^{p-1} (\pi_{2,j}^+ \Delta X_{t-j}^+ + \pi_{2,j}^- \Delta X_{t-j}^-) + \sum_{j=0}^{p-1} \varphi_{2,j} \Delta Z_{2,t-j} + \varepsilon_t \tag{4.12}$$

其中 $Z_{2,t} = (P_t^*, GAP_t, GDP_t)$，$p = 1, 2, 3, \cdots$。

4.3.3 汇率变动对消费者价格传递的 NARDL 模型

根据刘亚、李伟平和杨宇俊（2008）以及谢博婕、西村友作和门明（2014）的设置，汇率变动对消费者价格传递的控制变量与汇率变动对生产者价格传递的设置相同，均为国外价格指数 P_t^*、产出缺口 GAP_t 以及国内产出水平 GDP_t。

在这里，将 $y_{3,t}$ 定义为中国的消费者价格水平，X_t 定义为名义汇率，因此，本书从汇率波动方向的角度建立汇率对消费者价格传递的 NARDL 模型如下：

$$\Delta y_{3,t} = \rho_3 y_{3,t-1} + \theta_3^+ X_{t-1}^+ + \theta_3^- X_{t-1}^- + \gamma_{3,t} Z_{3,t-1} + \sum_{j=1}^{p} \varphi_{3,j} \Delta y_{3,t-j} + \sum_{j=0}^{p-1} (\pi_{3,j}^+ \Delta X_{t-j}^+ + \pi_{3,j}^- \Delta X_{t-j}^-) + \sum_{j=0}^{p-1} \varphi_{3,j} \Delta Z_{3,t-j} + \varepsilon_t \tag{4.13}$$

其中 $Z_{3,t} = (P_t^*, GAP_t, GDP_t)$，$p = 1, 2, 3, \cdots$。

4.4 数据选取与单位根检验

4.4.1 数据选取与时间序列图形分析

虽然有一些学者认为在研究宏观经济模型时应该使用实际数据而非修正

数据（Orphanides，2001；Rudebusch，2006），以反映货币当局在政策制定时的可用信息，但由于我国未发布实际数据，且根据陈平和李凯（2010）的研究，用修正数据没有表现出明显的缺陷，因此本书将使用修正数据进行实证检验。由于国家统计局公布的生产者价格指数（*PPI*）数据最早是从1996年10月开始的，其余数据均从1996年10月之前开始，因此本书选取数据的样本从1996年10月开始，到2015年12月的月度值，共计233个样本值，这个样本区间包含了2005年和2015年两次汇率制度改革，以及1998年和2008年两次金融危机。下面对各变量的选取与处理做简要说明：

1. 名义汇率

丘、欧利亚里斯和塔恩（Chew，Ouliaris and Tan，2011），玛莎和帕克（Masha and Park，2012），布鲁恩·阿奎尔、弗尔特斯和格林伍德·尼莫（2014）在研究汇率对价格传递时均采用了名义有效汇率，而佐尔齐、哈恩和桑希（Zorzi，Hahn and Sanchez，2007），舒、苏和邹（Shu，Su and Chow，2008），巴斯，塔托姆和雅戈（Barth，Tatom and Yago，2009），吉恩（Jin，2012），刘亚、李伟平和杨宇俊（2008），曹伟和倪克勤（2010），谢博婕、西村友作和门明等（2014）在研究人民币汇率对中国的价格传递效应时也采用了人民币名义有效汇率。因此本书沿用前人的方法，在进行人民币汇率对中国进口价格和中国国内价格水平的传递效应的研究时，汇率指标选取人民币名义汇率有效汇率。人民币名义有效汇率指数（*NEER*）的月度数据来自国际清算银行（BIS），样本区间为1996年10月～2015年12月。由于本书所要研究的对象是汇率的变动对价格变动的影响，因此本书对*NEER*做自然对数变换，以消除变量间量纲的区别，并且可以进行相关序列的季节性调整。在这里，*NEER*采用的是间接标价法，即当*NEER*上升时，人民币升值，当*NEER*下降时，人民币贬值。

2. 进口价格

中国的进口价格数据来源于中华人民共和国海关总署发布的进口价格指数（记为*IPI*）的月度数据，样本区间为1996年10月～2015年12月。由于本书所要研究的对象是汇率的变动对进口价格变动的影响，因此本书对*IPI*做自然对数变换，以消除变量间量纲的区别，并且可以进行相关序列的季节性调整。

3. *PPI*

中国的生产者价格指数（记为 *PPI*）的数据来源于国家统计局生产者物价指数的同比月度数据，样本区间为1996年10月~2015年12月。由于本书所要研究的对象是汇率的变动对生产者价格变动的影响，因此本书对 *PPI* 做自然对数变换，以消除变量间量纲的区别，并且可以进行相关序列的季节性调整。

4. *CPI*

中国的消费者价格指数（记为 *CPI*）的原始数据均来自国家统计局消费者物价指数的同比月度数据，样本区间为1996年10月~2015年12月。由于本书所要研究的对象是汇率的变动对消费者价格变动的影响，因此本书对 *CPI* 做自然对数变换，以消除变量间量纲的区别，并且可以进行相关序列的季节性调整。

5. *GDP*

GDP 数据样本选取了1996年第4季度~2015年第4季度的中国 *GDP* 季度数据，原始数据来自国家统计局国民生产总值季度数据。本书首先运用 ARIMA Census - X12 方法对 *GDP* 原始数据进行季调，由于本书分析所用的样本为月度样本，因此对季调后的季度 *GDP* 数据运用插值法得到经过季调的月度名义 *GDP* 数据，样本区间为1996年10月~2015年12月。

6. 产出缺口

计算产出缺口有两类方法，一类是生产函数法，另一类则是基于时间序列进行分解，将实际产出分解成为潜在产出和围绕潜在产出波动的产出缺口部分。由于国内文献在计算 *GDP* 产出缺口时大都采用 HP 滤波方法，而且郭庆旺和贾俊雪（2004）对两种方法进行比较研究发现得到的估计结果基本一致，因此本书也运用这一方法，采用上述得到的月度名义 *GDP* 数据进行计算。通过 HP 滤波分离出趋势因素和循环因素，并根据公式 $GAP_t = \frac{GDP_t - GDP_t^*}{GDP_t^*} \times 100$，其中产出趋势项 GDP_t^* 由 HP 滤波计算得出，样本区间为1996年10月~2015年12月。

7. 进口依存度

根据布鲁恩·阿奎尔、弗尔特斯和格林伍德·尼莫（2014）的定义，进口依存度可以表示为 $ID_t = \frac{IM_t}{GDP_t - EX_t}$，其中 IM_t 表示进口总额，GDP_t 表示名义产出，EX_t 表示出口总额。中国的进口总额数据来源于中华人民共和国海关总署发布的进口额当月值和出口额当月值，样本区间为 1996 年 10 月 ~ 2015 年 12 月。由于进口额和出口额分别以美元计价，为了能够计算 ID_t，分别将进口额和出口额通过人民币名义汇率进行转化后代入上述公式计算，人民币名义汇率数据来源于国家统计局。

8. 进口替代品价格

进口替代品价格用国内 *PPI* 生产者价格指数替代，数据来源同第（3）点，样本区间为 1996 年 10 月 ~2015 年 12 月。

9. 国外价格水平

谢博婕、西村友作和门明（2014）选取了全球范围的商品价格指数（all commodities index）来代表国外价格水平，记为 AP_t，数据来源于 *IFS* 数据库，样本区间为 1996 年 10 月 ~2015 年 12 月。

下文的分析均基于对上述原始数据取自然对数值，产出缺口与进口依存度除外。图 4－1 ~ 图 4－3 分别为汇率与进口价格指数、汇率与生产者价格指数、汇率与消费者价格指数的时间序列对比。

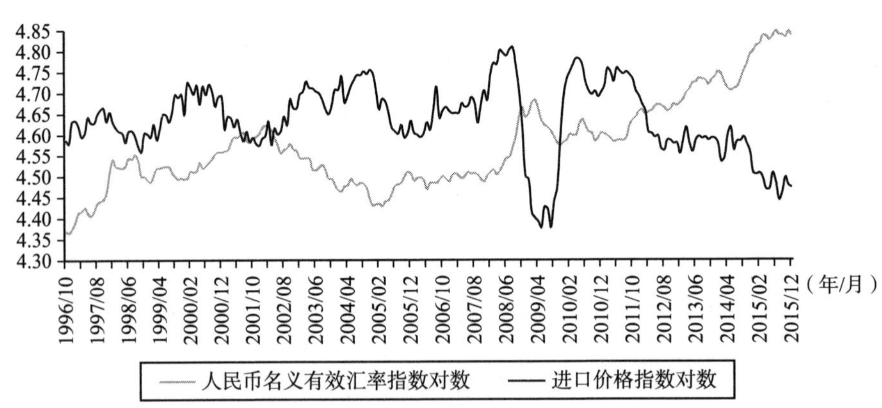

图 4－1　1996 年 10 月 ~2015 年 12 月 *NEER* 与 *IPI* 对数值走势

注：图中数据为 1996 年 10 月 ~2015 年 12 月的连续月度数据，共 231 个月，出于图形美观的考虑，时间轴的刻度区间以 10 个月为间隔进行作图。

从图 4－1 人民币名义有效汇率指数（*NEER*）与进口价格指数（*IPI*）的走势可以看出，人民币名义有效汇率指数与进口价格指数的变动方向大多数时期是相反的，即人民币汇率升值时，进口价格下降，而人民币贬值时进口价格上升。这与前文的理论分析也是一致的，即当人民币汇率升值时，外国货币相对贬值，此时外国厂商的出口商品价格相对降低，即本国进口价格降低；而当人民币汇率贬值时，外国货币相对升值，外国厂商的出口商品价格上升，本国进口价格上升。然而，从图 4－1 中难以看出汇率升值一个单位与汇率贬值一个单位对进口价格的不同影响，因此还需要进一步研究。

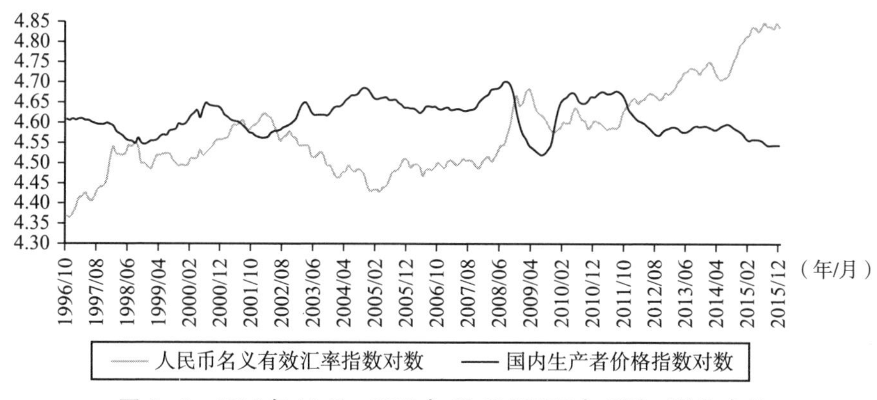

图 4－2　1996 年 10 月～2015 年 12 月 *NEER* 与 *PPI* 对数值走势

注：图中数据为 1996 年 10 月～2015 年 12 月的连续月度数据，共 231 个月，出于图形美观的考虑，时间轴的刻度区间以 10 个月为间隔进行作图。

从图 4－2 人民币名义有效汇率指数与国内 *PPI* 的走势可以看出，基本上在大多数时期，名义有效汇率与国内 *PPI* 的走势也是相背离的，即 *NEER* 与 *PPI* 是负相关的关系。这说明，人民币汇率升值时，*PPI* 价格会下降，而人民币汇率贬值时，*PPI* 价格会上升。同样的，从图 4－2 中也难以看出汇率升值一个单位与汇率贬值一个单位对生产者价格的不同影响，这还需要进一步研究。

从图 4－3 人民币名义有效汇率指数与国内 *CPI* 的走势可以看出，在大多数时期，名义有效汇率与国内 *CPI* 也是负相关的关系，即人民币汇率升值时，*CPI* 价格下降，而人民币贬值时，*CPI* 价格上升。同样的，从图 4－3 中也难以看出汇率升值一个单位与汇率贬值一个单位对消费者价格的不同影响，这还需要进一步研究。

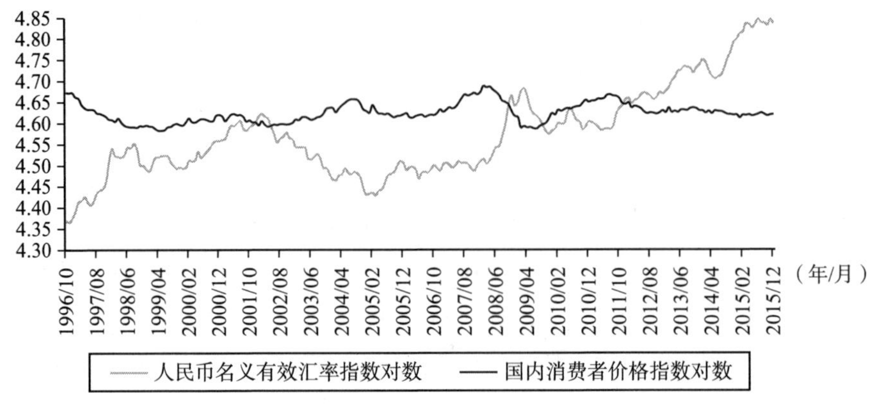

图 4-3 1996 年 10 月 ~ 2015 年 12 月 *NEER* 与 *CPI* 对数值走势

注：图中数据为 1996 年 10 月 ~2015 年 12 月的连续月度数据，共 231 个月，出于图形美观的考虑，时间轴的刻度区间以 10 个月为间隔进行作图。

人民币名义有效汇率指数从 1996 年 10 月的 78.97 上升到 2015 年 12 月的 125.89，共升值了 59.4%。其中在 2005 年 7 月时名义有效汇率指数为 87.95，较汇率制度改革前的 6 个月平均值上升了 3.8%，而汇率制度改革之后的 6 个月平均值较 7 月上升了 1.9%。这说明汇率制度改革对名义有效汇率的影响并不是很大，如图 4-4 所示。

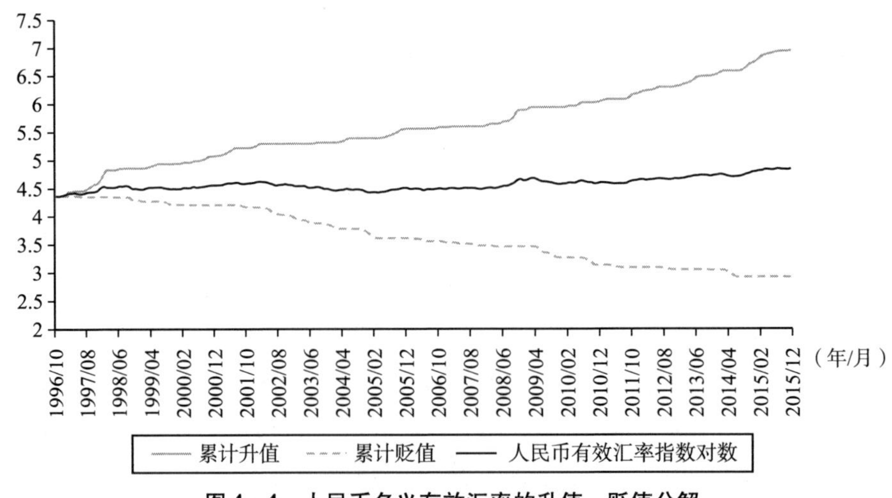

图 4-4 人民币名义有效汇率的升值、贬值分解

注：图中数据为 1996 年 10 月 ~2015 年 12 月的连续月度数据，共 231 个月，出于图形美观的考虑，时间轴的刻度区间以 10 个月为间隔进行作图。

4.4.2　描述性统计结果

为了得到各个变量的基本统计性质，本书首先对所选取的各个变量做了描述性统计，其中包括均值、最大值、最小值、标准差、偏度、峰度和 Jarque – Bera 统计值。各变量描述性统计值如表 4 – 1 所示。

从 Jarque – Bera 正态分布检验来看，并非所有序列的 P 值都在 1% 的显著性水平下显著，即部分序列拒绝了正态分布的假设，因此对所有序列进行单位根检验。

表 4 – 1　　各变量描述性统计结果

变量	均值	最大值	最小值	标准差	偏度	峰度	Jarque – Bera	结论
NEER	4.5746	4.8473	4.3651	0.1064	0.7226	3.0618	20.1370 (0.0000)	非正态
IPI	4.6356	4.8097	4.3770	0.0860	–0.5833	3.4574	15.1115 (0.0005)	非正态
PPI	4.6112	4.7010	4.5196	0.0418	0.0317	2.0980	7.8693 (0.0196)	非正态
CPI	4.6247	4.6886	4.5829	0.0230	0.4992	2.8253	9.8887 (0.0071)	非正态
ID	0.0745	0.0980	0.0477	0.0120	–0.2057	2.2553	2.4731 (0.2904)	正态
AP	4.6404	4.9278	4.7638	4.0869	–0.8538	2.5378	10.6929 (0.0048)	非正态
GAP	–0.4450	9.1883	–12.0997	4.9031	–0.1037	2.6714	0.5158 (2.6714)	正态
GDP	11.7697	12.1946	11.2857	0.2285	–0.3823	2.1934	4.2204 (0.1212)	正态
Δ*NEER*	0.0020	0.0492	–0.0385	0.0125	0.1064	4.0087	10.1839 (0.0061)	非正态
Δ*IPI*	–0.0005	0.1193	–0.1242	0.0309	–0.0344	4.8285	32.0875 (0.0000)	非正态

续表

变量	均值	最大值	最小值	标准差	偏度	峰度	*Jarque - Bera*	结论
Δ*PPI*	-0.0003	0.0393	-0.0441	0.0088	0.0320	8.6699	30.1171 (0.0000)	非正态
Δ*CPI*	-0.0002	0.0194	-0.0261	0.0060	-0.2885	4.4775	24.1120 (0.0000)	非正态
Δ*ID*	4.10*E* -05	0.0326	-0.0290	0.0108	0.3243	3.8845	4.1102 (0.1281)	正态
Δ*AP*	-0.0010	0.1101	-0.1310	0.0463	-0.4036	3.2961	2.5255 (0.2829)	非正态
Δ*GAP*	0.0604	13.5307	-18.8985	4.8469	0.1770	7.7597	77.8325 (0.0000)	非正态
Δ*GDP*	0.0111	0.0782	-0.1437	0.0324	-1.8048	10.7242	28.3648 (0.0000)	非正态

注：除 *GAP* 和 *ID* 外，其余均为对数值。

4.4.3 单位根检验

许多学者用最小平方法（OLS）估计经济活动变量间关系，他们大都假设变量随着时间变化，且平均数与变异数为常数，但这种做法会导致变量有不稳定（non - stationary）与单位根（unit root）的现象，同时也会导致错误的推论，因此对于不稳定的长期关系就必须要检验序列是否具有单位根与协整（conintegration）的关系。

传统的协整检验要求各变量具有同阶序列的性质。因此，我们判断一下各个变量是否是同阶序列。为保证结论的稳健性，除了采用传统的 ADF 和 PP 单位根检验方法，本书还采用非线性的 KPSS 单位根方法对模型的变量——人民币名义有效汇率水平值（*NEER*）及其一阶差分值（Δ*NEER*）、进口价格指数水平值（*PPI*）及其一阶差分值（Δ*IPI*）、生产者价格指数水平值（*PPI*）及其一阶差分值（Δ*PPI*）和消费者价格指数水平值（*CPI*）及其一阶差分值（Δ*CPI*）进行检验。结果如表 4 - 2 ~ 表 4 - 5 所示。

表 4－2　　*NEER* 单位根检验

	检验方法	检验值	P 值	结论
水平值	ADF	1.6317	0.9750	存在单位根
	PP	1.8334	0.9841	存在单位根
	KPSS	1.3548***	0.7390（1%）	存在单位根
一阶差分值	ADF	－10.0906***	0.0000	*I*（1）
	PP	－9.9803***	0.0000	*I*（1）
	KPSS	0.1257	0.3470（10%）	*I*（1）

注：***，**，*分别表示 1%，5%，10% 的显著性水平。

表 4－3　　*IPI* 单位根检验

	检验方法	检验值	P 值	结论
水平值	ADF	－0.2909	0.5802	存在单位根
	PP	－0.2573	0.5926	存在单位根
	KPSS	0.2719	0.3470（10%）	*I*（0）
一阶差分值	ADF	－6.5759***	0.0000	*I*（1）
	PP	－14.7953***	0.0000	*I*（1）
	KPSS	—	—	—

注：***，**，*分别表示 1%，5%，10% 的显著性水平。

表 4－4　　*PPI* 单位根检验

	检验方法	检验值	P 值	结论
水平值	ADF	－0.2205	0.6059	存在单位根
	PP	－0.2886	0.5811	存在单位根
	KPSS	0.2445	0.3470（10%）	*I*（0）
一阶差分值	ADF	－6.9282***	0.0000	*I*（1）
	PP	－6.9282***	0.0000	*I*（1）
	KPSS	—	—	—

注：***，**，*分别表示 1%，5%，10% 的显著性水平。

表 4-5　　CPI 单位根检验

	检验方法	检验值	P 值	结论
水平值	ADF	-0.1597	0.6275	存在单位根
	PP	-0.4266	0.5284	存在单位根
	KPSS	0.4258 *	0.3470（10%）	存在单位根
一阶差分值	ADF	-6.0804 ***	0.0000	*I*（1）
	PP	-14.4751 ***	0.0000	*I*（1）
	KPSS	0.0936	0.3470（10%）	*I*（1）

注：***，**，*分别表示 1%，5%，10% 的显著性水平。

从表 4-2 ~ 表 4-5 可以看出，*NEER* 和 *CPI* 可以立即判定为一阶单整 *I*（1）序列。然而在 *IPI* 和 *PPI* 的单位根检验中，均出现了 ADF 和 PP 检验判定为 *I*（1）序列而 KPSS 检验判定为 *I*（0）序列的矛盾情况。

与 ADF 检验和 PP 检验不同的是，KPSS 检验（Kwiatkowshi，Phillips and Schmidt，1992）是从另一个角度考虑，将平稳过程作为原假设，备择假设为单位根过程的平稳性检验，其对误差自相关的修正类似于 PP 检验。而 KPSS 检测力度高于 ADF 和 PP 检验的例子。

综上考虑，本书认为 *NEER* 和 *CPI* 是 *I*（1）序列，*IPI* 和 *PPI* 是 *I*（0）序列。

而从表 4-6 ~ 4-9 可以看出，*ID*、*AP*、*GAP* 和 *GDP* 不是同阶单整序列。本章所选取的 NARDL 的优势在于，即使各变量不是同阶单整序列，依然可以准确地检测出非线性协整和误差修正项的结果。

表 4-6　　ID 单位根检验

	检验方法	检验值	P 值	结论
水平值	ADF	-0.8884	0.3283	存在单位根
	PP	-0.3125	0.5701	存在单位根
	KPSS	0.9067 ***	0.7390（1%）	存在单位根

续表

	检验方法	检验值	P 值	结论
一阶差分值	ADF	-7.9667***	0.0000	*I*（1）
	PP	-18.8476***	0.0000	*I*（1）
	KPSS	0.3311	0.3470（10%）	*I*（1）

注：***，**，*分别表示1%，5%，10%的显著性水平。

表 4-7　　*AP* 单位根检验

	检验方法	检验值	P 值	结论
水平值	ADF	-0.1998	0.6113	存在单位根
	PP	-0.1831	0.6173	存在单位根
	KPSS	0.3075	0.3470（10%）	*I*（0）
一阶差分值	ADF	-6.3196***	0.0000	*I*（1）
	PP	-6.4153***	0.0000	*I*（1）
	KPSS	—	—	—

注：***，**，*分别表示1%，5%，10%的显著性水平。

表 4-8　　*GAP* 单位根检验

	检验方法	检验值	P 值	结论
水平值	ADF	-5.1238	0.0000	*I*（0）
	PP	-4.4380	0.0000	*I*（0）
	KPSS	0.1277	0.3470（10%）	*I*（0）
一阶差分值	ADF	-8.1459***	0.0000	*I*（1）
	PP	-28.0889***	0.0000	*I*（1）
	KPSS	0.5000	0.3470（10%）	*I*（1）

注：***，**，*分别表示1%，5%，10%的显著性水平。

表 4-9　　　　GDP 单位根检验

	检验方法	检验值	P 值	结论
水平值	ADF	3.6872	0.9999	存在单位根
	PP	4.6516	1.0000	存在单位根
	KPSS	1.2517***	0.7390（1%）	存在单位根
一阶差分值	ADF	-0.2914	0.5779	存在单位根
	PP	-6.0078***	0.0000	I（1）
	KPSS	0.1501	0.3470（10%）	I（1）

注：***，**，* 分别表示 1%，5%，10% 的显著性水平。

4.5　NARDL 实证结果

结合描述性统计的 Jarque-Bera 正态分布检验和单位根检验结果，本书发现这些序列具有非平稳、非同阶单整以及非正态分布的特性，这就意味着传统的多元回归估计方法将难以适用于本书模型的检验和估计。因此，本书考虑使用可以同时检验这些特性的非线性自回归分布滞后（NARDL）模型，从而增强模型估计的准确度。

由于本书的变量都是 $I(0)$ 或 $I(1)$ 序列，因此本书将同时检验线性 ARDL 模型和非线性 ARDL（NARDL）模型。最优线性 ARDL 模型的选择是基于佩萨兰、西恩和史密斯（1999）所采用的斯沃茨信息选择（SIC）模型。最优 NARDL 模型的选择是基于一般到特殊的方法，本书选择 max p = 12，并且在 5% 的显著性水平下去掉所有不显著的滞后项。另外，根据西恩、于和格林伍德（2014），本书采取一种保守的方法来选择 NARDL 过程的临界值，设定虚拟假设为 $k=1$。

表 4-10 ~ 表 4-12 分别给出了汇率对进口价格指数、生产者价格指数和消费者价格指数的非对称影响，包括短期非对称和长期非对称影响。其中 β_L^+ 和 β_L^- 分别代表长期的正向弹性系数和负向弹性系数，$\hat{\beta}_L^+ = -\hat{\theta}^+/\hat{\rho}$，$\hat{\beta}_L^- = -\hat{\theta}^-/\hat{\rho}$。$F_{PSS}$ 为佩萨兰、西恩和史密斯（2001）中的虚拟假设 $\rho = \theta^+ =$

$\theta^-=0$ 的 F 检验值。在 10%，5% 和 1% 的显著性水平下 F 值的临界值分别为 4.14，4.85 和 6.36。W_{LR}和 W_{SR}分别代表长期非对称和短期非对称的 Wald 检验值，***，**，* 分别代表在 1%，5% 和 10% 的显著性水平下显著。

4.5.1　汇率变动对进口价格变动的影响

根据前文从汇率波动方向的角度建立的汇率对进口价格传递的 NARDL 模型如下：

$$\Delta y_{1,t}=\rho_1 y_{1,t-1}+\theta_1^+X_{t-1}^+ +\theta_1^-X_{t-1}^- +\gamma_1 Z_{1,t-1}+\sum_{j=1}^{p}\varphi_{1,j}\Delta y_{1,t-j}$$
$$+\sum_{j=0}^{p-1}(\pi_{1,j}^+\Delta X_{t-j}^+ +\pi_{1,j}^-\Delta X_{t-j}^-)+\sum_{j=0}^{p-1}\phi_{1,j}\Delta Z_{1,t-j}+\varepsilon_t \tag{4.10}$$

其中 $Z_{1,t}=(ID_t,\ PPI_t,\ GAP_t,\ AP_t)$。表 4－10 中 *IPI* 代表 $y_{1,t}$，*NEER_P*，*NEER_N* 分别代表 X_t^+ 和 X_t^-，而 *DNEER_P*，*DNEER_N* 分别代表 ΔX_t^+ 和 ΔX_t^-。通过选取 $p=1$，2，3，…12，发现只有在 $p=1$ 时方程最为显著，且 $\bar{R}^2$ 最大。

表 4－10　　汇率变动对 *IPI* 变动的影响

变量	系数	标准差	t 值	Prob.
C	－3.54E－14	2.60E－15	－13.64455	0.0000 ***
IPI（－1）	－4.24E－15	3.33E－16	－12.72978	0.0000 ***
NEER_P（－1）	8.77E－16	2.82E－16	3.104675	0.0022 ***
NEER_N（－1）	1.14E－15	4.25E－16	2.684148	0.0078 ***
ID（－1）	－6.47E－15	9.92E－16	－6.522443	0.0000 ***
PPI（－1）	1.21E－14	8.35E－16	14.54779	0.0000 ***
GAP（－1）	－7.00E－19	3.17E－18	－0.220889	0.8254
AP（－1）	－1.10E－16	6.97E－17	－1.582643	0.1150
DIPI（－1）	1.75E－15	4.19E－16	4.168969	0.0000 ***
DNEER_P	－2.45E－15	1.68E－15	－1.455353	0.1470
DNEER_N	9.15E－16	1.81E－15	0.506906	0.6127
DID	－3.39E－15	9.93E－16	－3.408307	0.0008 ***

续表

变量	系数	标准差	t 值	Prob.
DPPI	7.84E－15	1.79E－15	4.379236	0.0000***
DAP	4.07E－17	2.65E－16	0.153438	0.8782
DGAP	1.19E－18	3.02E－18	0.393953	0.6940
Adjusted R－squared	0.9053	t_{BDM}	－12.7298	
Durbin－Wartson stat	0.2545	F_{PSS}	57.7935***	

注：F_{PSS}是佩萨兰等（2001）提出的原假设为$\rho=\theta^{+}=\theta^{-}=0$的F统计值。F统计值在10%，5%和1%的显著性水平下的临界值分别为4.14，4.85和6.36。表中***，**和*分别表示1%，5%和10%的显著性水平。

根据表4－10可以看出*NEER_P*（－1），*NEER_N*（－1）和*IPI*（－1）的P值均显著且不为零，说明长期内存在汇率传递效应，拒绝假设1（长期无汇率传递）。分别计算出长期和短期的汇率传递弹性系数*ERPT*，其中人民币升值时的传递系数和人民币贬值时的传递系数分别为：

$$ERPT_{1,L}^{+}=\hat{\beta}_{1,L}^{+}=-\frac{\hat{\theta}_{1}^{+}}{\hat{\rho}_{1}}=-\frac{8.77E-16}{-4.24E-15}=0.2068$$

$$ERPT_{1,L}^{-}=\hat{\beta}_{1,L}^{-}=-\frac{\hat{\theta}_{1}^{-}}{\hat{\rho}_{1}}=-\frac{1.14E-15}{-4.24E-15}=0.2689$$

可以看出长期汇率传递弹性系数$ERPT_1$为正，与一般情况下汇率传递弹性系数为负数的情况不一致。这说明从长期来看，人民币升值会带来进口价格的上涨，而人民币贬值会带来进口价格的下降。

一般来说，人民币升值将引起进口价格下降，人民币贬值会引起进口价格上升，即发生负向汇率传递。而本章的结论发现，在长期人民币升值会在一定程度上引起进口价格的上升，即发生了正向汇率传递。在汇率传递方向方面，国外文献大多认为汇率传递方向为负，将正向汇率传递视为一种异常现象（杨，1997；Choudhri and Hakura，2006），而部分国内文献则对此现象也有所关注。一方面，曹伟和申宇（2013）的研究认为，人民币升值和升值预期的共同作用导致了“逆传递”现象。本书在第2章中也提到过货币供应机制和产品替代机制，人民币升值和升值预期使得热钱通过贸易渠道、地下渠道等途径大量流入我国，并通过外汇占款推升国内进口替代品的价格和总体物价水平，最后倒逼进口价格水平上涨。由于本书所选取的样本期 1996 年 10 月～2015 年 11 月内，大部分时期是升值，因此人民币升值和升值预期可能造成了进口价格的正向汇率传递效应，关于各个时期的汇率传递的方向将在本书的第 6 章中详细讨论。另一方面，当进口国外贸依赖程度高且不具备较强的议价能力时，很难通过升值来降低进口价格，其扩大进口规模的能力将受到很大限制。冉光和、李涛和胡菁芯（2016）同样也指出在现实情况下，国内部分行业厂商具有很强的对外依赖性，造成相关的国外出口商拥有较强的定价能力，可能在人民币升值时反而提升国内进口价格获取更多超额收益，所以也可能会发生正向汇率传递。

从 $ERPT_1$ 的计算还可以看出，长期正向传递系数和负向传递系数均小于 1，拒绝假设 4－2（长期汇率完全传递），因此长期来看人民币升值和贬值对我国进口价格的汇率传递效应都是不完全的。并且负向传递系数大于正向传递系数，因此人民币贬值一个单位对我国进口价格的传递效应大于人民币升值一个单位时的传递效应，拒绝假设 4－3（长期汇率传递对称），这体现了人民币汇率波动对我国进口价格长期传递的非对称性。具体来说，长期正向传递系数为 0.2068，表明长期内人民币升值 1% 时，会引起进口价格水平上升 0.2068%，传递效率为 20.68%；长期负向传递系数为 0.2689，表明长期内人民币贬值 1% 时，会引起进口价格水平下降 0.2689%，传递效率为 26.89%。因此，人民币升值 1% 和贬值 1% 的传递效率不同，体现了人民币汇率升值和贬值对进口价格传递的非对称性，并且人民币汇率贬值 1% 比升值 1% 对进口价格的传递效应更大。另外，从表 4－10 中可以看出，长期传递具有滞后 1 期的效应。

该结论与大多数国内外研究的结论是一致的，如曼恩（1986），戈德堡（1995），卡迪亚利（1997），韦伯（2000），普日斯塔帕和弗罗贝尔（Przystupa and Wrobel，2011），曹伟和倪克勤（2010），曹伟、赵颖岚和倪克勤（2012），朱亚莉（2013），刘青（2014），贾凯威（2016）均认为汇率贬值较升值时汇率对进口价格的传递效应更大。然而，曹伟和倪克勤（2010）认为人民币升值对进口价格的影响很小，可以忽略不计，本书却发现虽然长期来看升值效应小于贬值效应，但是升值也会对进口价格造成显著影响。造成这种差别的原因可能是因为曹伟和倪克勤（2010）在对汇率传递公式进行回归时采用的是简单线性回归方程，而由于经济变量大多数都是非线性的，因而造成了结果的偏误。本书采用的 NARDL 方法在经济变量为非线性时仍然能够得到较为准确的结果，另外 NARDL 方法允许各变量同时存在 $I(0)$ 和 $I(1)$ 两种情况，并不要求同阶共整，因此本书的结论有效性更强。

另外，从表 4－10 中可以看出，*DNEER_P* 和 *DNEER_N* 的 P 值均不显著，无法拒绝假设 4－4（短期无汇率传递），因此可以认为短期内汇率的直接传递效应并不明显。而长期内存在汇率传递，且存在 1 期滞后期，这就说明短期内汇率波动对进口价格的冲击会产生滞后效应。

再来看控制变量 $Z_{1,t-1}=(ID_{t-1}, PPI_{t-1}, GAP_{t-1}, AP_{t-1})$ 对 $y_{1,t-1}$ 的长期系数。

$$\frac{Z_{1,t-1}}{y_{1,t-1}}=-\frac{\gamma_1}{\rho_1}=-\frac{(ID_{t-1}, PPI_{t-1}, GAP_{t-1}, AP_{t-1})}{IPI_{t-1}}$$

$$=-\frac{(-6.47E-15, 1.21E-14, -7.00E-19, -1.10E-16)}{-4.24E-15}$$

$$=(-1.5259^{***}, 2.8538^{***}, -1.6509E-4, -0.0259)$$

由于短期不存在汇率传递效应，因此也不考虑控制变量因素对汇率传递效应的影响，在这里只探讨长期内控制变量对汇率传递效应的影响。可以看到产出缺口和国外价格指数在长期和短期的 P 值均不显著，说明产出缺口和国外价格指数对汇率的进口价格传递效应的长期影响不明显，这也说明长期内国内潜在需求和出口商生产成本并不会影响中国的进口商品价格。

在长期内，进口依存度和进口替代品价格的 P 值显著，说明进口依存度和进口替代品价格在长期会对汇率直接传递效应造成显著影响。进口依存度代表的是外国出口商依市差别定价的能力，进口替代品价格则代表了汇率传递的替代效应，这两个效应统计上显著，说明市场结构和产品替代机制对进口价格的变动起到了关键作用。

其中，进口依存度对进口价格的影响是负向的，这说明进口依存度越低，进口价格变动越大，汇率传递效率越高。这说明当本国厂商的垄断性越强时，本国的进口依存度越低，本国厂商的议价能力越强。由于本书中人民币贬值时汇率传递效率大于人民币升值时的传递效率，我们可以判断：当人民币贬值时，外国厂商由于其竞争性过强，不仅不会提高价格，反而有可能降低价格，出现汇率的正传递；而当人民币升值时，外国厂商可能会维持价格不变，或小幅提高价格来增加利润，这样也会出现汇率的正传递。这一结论与费雪（1989）提出的市场结构说的观点一致，即本国厂商的垄断性越强或外国厂商的竞争越激烈时，汇率传递效率越高，费雪指出这种情况存在于伯特兰德竞争的市场结构下。而本小节的结论与多恩布什（1987）不一致，多恩布什指出在古诺竞争的市场结构下，进口份额比重越大，汇率传递效率越高。因此，可以判断我国的市场结构应该为伯特兰德竞争的市场结构。造成这种现象的原因可能是由于我国国有企业的市场垄断地位较强，因而我国企业的进口议价能力较强。

而进口替代品对进口价格的影响是正向的，这说明进口替代品的替代性越高，则进口价格改变程度越大，汇率传递效率越高。这与杨（Yang，1997）提出的产品替代说的结论不一致，他认为进口产品的替代程度与汇率传递效率之间呈负相关，当价格提高时，产品的替代性越高，则消费者转换使用其他商品的可能性越大，所以在汇率波动时，厂商更倾向于保持产品价格不变，从而降低了汇率传递效率。而本小节的结论体现出汇率传递的“本土特征”，这可能是因为当人民币汇率升值时，进口替代品价格也会提高，正是因为我国的市场结构为伯特兰德竞争的市场结构，本国厂商的垄断性较强，因而本国厂商具有较强的进口定价能力，从而倒逼进口商品价格的上扬，而进口替代品价格上升得越快，替代效应越强，汇率传递效率也就越高。

结合前文的结论，长期人民币升值会在一定程度上引起进口价格的上升，而人民币贬值引起进口价格的下降，即人民币汇率对价格发生了正向传递。可以看出，正向汇率传递可能主要是由本土化的市场结构效应和产品替代效应引起的。

综上所述，本节的观点认为人民币汇率贬值 1% 比升值 1% 对进口价格的传递效应更大，说明人民币汇率对进口价格的传递存在非对称性。并且人民币升值会造成进口价格的上升，人民币贬值会造成进口价格的下降，即发生了正向汇率传递。这与传统观点认为的负向汇率传递不一致，导致这种现象的主要原因可能是因为本国厂商的议价能力较强，导致正传递的发生，并且当人民币升值时，进口替代品价格的上升会倒逼进口商品价格上升。

4.5.2 汇率变动对生产者价格变动的影响

根据前文从汇率波动方向的角度建立的汇率对生产者价格传递的 NARDL 模型为：

$$\Delta y_{2,t} = \rho_2 y_{2,t-1} + \theta_2^+ X_{t-1}^+ + \theta_2^- X_{t-1}^- + \gamma_2 Z_{2,t-1} + \sum_{j=1}^{p} \varphi_{2,j} \Delta y_{2,t-j} + \sum_{j=0}^{p-1} (\pi_{2,j}^+ \Delta X_{t-j}^+ + \pi_{2,j}^- \Delta X_{t-j}^-) + \sum_{j=0}^{p-1} \varphi_{2,j} \Delta Z_{2,t-j} + \varepsilon_t \quad (4.12)$$

其中，$Z_{2,t} = (P_t^*, GAP_t, GDP_t)$。表 4－11 中 *PPI* 代表 $y_{2,t}$，*NEER_P*，*NEER_N* 分别代表 X_t^+ 和 X_t^-，而 *DNEER_P*，*DNEER_N* 分别代表 ΔX_t^+ 和 ΔX_t^-，*AP* 代表 P_t^*。通过选取 $p=1$，2，3，…，12，发现只有在 $p=1$ 时方程最为显著，且 $\bar{R}^2$ 最大。

表 4－11　　汇率变动对 *PPI* 变动的影响

变量	系数	标准差	t 值	Prob.
C	6.37E－15	5.55E－16	11.47573	0.0000***
PPI（－1）	－9.45E－16	6.55E－17	－14.41822	0.0000***
NEER_P（－1）	－8.09E－17	4.67E－17	－1.732172	0.0847*
NEER_N（－1）	－5.75E－16	6.37E－17	－9.025901	0.0000***
AP（－1）	9.35E－17	1.53E－17	6.116082	0.0000***
GAP（－1）	2.85E－18	5.34E－19	5.337594	0.0000***
GDP（－1）	－2.39E－16	3.93E－17	－6.083974	0.0000***
DPPI（－1）	7.04E－16	2.36E－16	2.982021	0.0032***
DNEER_P	2.00E－16	2.40E－16	0.835317	0.4045
DNEER_N	－5.02E－17	2.51E－16	－0.199832	0.8418
DAP	－5.76E－17	3.69E－17	－1.559746	0.1203
DGAP	1.39E－18	5.08E－19	2.737454	0.0067***

续表

变量	系数	标准差	t 值	Prob.
DGDP	−1.25E−16	8.29E−17	−1.505762	0.1336
Adjusted R − squared	0.9053	t_{BDM}	−14.4182	
Durbin − Wartson stat	0.3648	F_{PSS}	70.2603***	

注：F_{PSS}是佩萨兰等（2001）提出的原假设为$\rho=\theta^{+}=\theta^{-}=0$的 F 统计值。F 统计值在 10%，5%和 1%的显著性水平下的临界值分别为 4.14，4.85 和 6.36。表中 ***，** 和 * 分别表示 1%，5%和 10%的显著性水平。

根据表 4−11，可以看出 *NEER_P*（−1），*NEER_N*（−1）和 *PPI*（−1）的 P 值均显著且不为零，说明长期内存在汇率传递效应，拒绝假设 4−1（长期无汇率传递）。分别计算出长期和短期的汇率传递弹性系数 *ERPT*，其中长期人民币升值时的传递系数和人民币贬值时的传递系数分别为：

$$ERPT_{2,L}^{+}=\hat{\beta}_{2,L}^{+}=-\frac{\hat{\theta}_{2}^{+}}{\hat{\rho}_{2}}=-\frac{-8.09E-17}{-9.45E-16}=-0.0856$$

$$ERPT_{2,L}^{-}=\hat{\beta}_{2,L}^{-}=-\frac{\hat{\theta}_{2}^{-}}{\hat{\rho}_{2}}=-\frac{-5.75E-16}{-9.45E-16}=-0.6085$$

而从表 4−11 中可以看出，*DNEER_P* 和 *DNEER_N* 的 P 值均不显著，无法拒绝假设 4−4（短期无汇率传递），因此可以认为短期内汇率对生产者价格的传递效应并不明显。而长期内存在汇率传递，且存在 1 期滞后期，这就说明长期内汇率波动对生产者价格的冲击会产生滞后效应。

从 $ERPT_2$ 的计算可以看出，人民币升值时的传递系数和人民币贬值时的传递系数的绝地值均小于 1，拒绝假设 4−2（长期汇率完全传递），因此长期来看人民币升值和贬值对我国生产者价格的汇率传递效应都是不完全的。并且人民币贬值时的传递系数的绝对值大于升值时的传递系数的绝对值，因此人民币贬值一个单位对我国生产者价格的传递效应大于人民币升值一个单位时的传递效应，拒绝假设 4−3（长期汇率传递对称），这体现了长期内人民币汇率对我国生产者价格传递的非对称性。具体来说，长期传递系数 $ERPT_{2,L}^{+}=-0.0856$，表明长期内人民币升值 1%时，会引起进口价格水平下降 0.0856%，传递效率为 8.56%；长期传递系数 $ERPT_{2,L}^{-}=-0.6085$，表明长期内人民币贬值1%时，会引起进口价格水平上升0.6085%，传递效率为60.85%。明显可以看出，人民币贬值时的汇率传递效率远大于人民币升值时的汇率传递效率，人民币贬值时为不完全传递，而人民币升值时传递效率十分微弱。这体现出了在汇率波动方向上，人民币汇率对生产者价格传递的非对称性。

上述结论与克内特（1994），波拉德和库格林（2004），博兹（Boz，2011），谢博婕、西村友作和门明（2014）的结论是一致的，这些学者均认为汇率贬值较升值时汇率对国内生产者价格的传递效应更大。谢博婕、西村友作和门明（2014）认为人民币升值对生产者价格的影响很小，可以忽略不计，而人民币贬值时对生产者价格的影响显著。本书从人民币升值时的传递系数来看，$ERPT^{+}_{2,L}=-0.0856$，绝对值确实较小，因此本节的结论支持谢博婕、西村友作和门明（2014）的观点。这一结论可以由克贝特（1994）提出的数量限制论来解释：当人民币贬值时，外国出口商为了维持以出口国货币计价的利润水平，通常会保持出口国货币计价的商品价格不变，那么此时以进口国货币计价的商品价格会随着汇率变化而变化，即人民币贬值时传递效应很大。反之，当人民币升值时，外国厂商通常会维持以人民币计价的商品价格不变，从而提高以出口国货币计价的利润水平，此时汇率传递效应较小。因此数量限制说认为汇率贬值对国内商品价格的传递效应较汇率升值时大。而本书的这一结论同时也说明了，市场份额说和生产转换说等理论无法解释人民币汇率贬值对国内商品价格的传递效应较汇率升值时大的非对称性特征。

另外可以看到，人民币升值会造成国内生产者价格的下降，人民币贬值时会造成一定程度的国内生产者价格上升，即负向汇率传递。这与大多数国外研究的结论一致，他们基本都得出汇率传递系数符号为负数的结论，而国内也有部分学者得出相同结论。如封北麟（2006），毕玉江（2008），杨宇俊、门明和李伟平（2009）认为汇率传递系数符号在整个样本期内均为负，即汇率的正向变化会对国内物价具有反向的传导作用，汇率升值会导致物价水平的降低。

再来看控制变量$Z_{2,t-1}=(P^{*}_{t-1},\ GAP_{t-1},\ GDP_{t-1})$对$y_{2,t-1}$的长期系数。

$$\frac{Z_{2,t-1}}{y_{2,t-1}} = -\frac{\gamma_2}{\rho_2} = \frac{(AP_{t-1},\ GAP_{t-1},\ GDP_{t-1})}{PPI_{t-1}}$$

$$= -\frac{(9.35E-17,\ 2.85E-18,\ -2.39E-16)}{-9.45E-16}$$

$$= (0.0989^{***},\ 0.0030^{***},\ -0.2529^{***})$$

由于短期不存在汇率传递效应，因此也不考虑控制变量因素对汇率传递效应的影响，在这里只探讨长期内控制变量对汇率传递效应的影响。从长期来看，国外价格指数、产出缺口和 *GDP* 的 P 值均显著 ，这说明国外价格指数、产出缺口和 *GDP* 的变动均会对国内生产者价格造成影响。

国外价格指数代表的是外国出口商的生产成本，产出缺口代表了国内的潜在需求，而 *GDP* 则代表了国内需求和经济增长。其中，国外价格指数对国内 *PPI* 价格的影响是正向的，即国外价格指数越高，外国出口商的生产成本越高，从而导致以外币计价的进口价格上升越快，由于进口价格中也包含了进口原材料、燃料与其他工业品的价格，因此国内 *PPI* 价格也被拉高。然而外国出口商的生产成本对 *PPI* 的拉升作用有限，国外价格指数提高 1%，国内生产者价格仅提高 0.0989%。产出缺口对国内 *PPI* 价格的影响也是正向的，即产出缺口越大，国内的潜在需求越大，则对国内 *PPI* 价格的拉升作用越明显。产出缺口的系数虽然统计上显著，然而从系数上来看，产出缺口扩大 1% 时，*PPI* 价格仅上升 0.0030%，这表明产出缺口对国内 *PPI* 价格变动的影响较小。而 *GDP* 对国内 *PPI* 价格的影响是负向的，系数统计上显著并且影响较大，*GDP* 增加 1% 会引起 *PPI* 价格下降 0.2529%。这里 *GDP* 代表的是国内需求和经济增长，由于经济增长所带来的技术进步降低了原材料和中间投入品要素的价格，因此会引起国内 *PPI* 价格的下降。

4.5.3　汇率变动对消费者价格变动的影响

本书从汇率波动方向的角度建立汇率对生产者价格传递的 NARDL 模型如下：

$$\Delta y_{3,t} = \rho_3 y_{3,t-1} + \theta_3^+ X_{t-1}^+ + \theta_3^- X_{t-1}^- + \gamma_{3,t} Z_{3,t-1} + \sum_{j=1}^{p} \varphi_{3,j} \Delta y_{3,t-j}$$

$$+ \sum_{j=0}^{p-1} (\pi_{3,j}^+ \Delta X_{t-j}^+ + \pi_{3,j}^- \Delta X_{t-j}^-) + \sum_{j=0}^{p-1} \varphi_{3,j} \Delta Z_{3,t-j} + \varepsilon_t \quad (4.13)$$

其中 $Z_{3,t}=(P_t^*,\ GAP_t,\ GDP_t)$。表 4-12 中 *CPI* 代表 $y_{3,t}$，*NEER_P*，*NEER_N* 分别代表 X_t^+ 和 X_t^-，而 *DNEER_P*，*DNEER_N* 分别代表 ΔX_t^+ 和 ΔX_t^-，*AP* 代表 P_t^*。通过选取 $p=1,\ 2,\ 3,\ \cdots,\ 12$，发现只有在 $p=1$ 时方程最为显著，且 $\overline{R}^2$ 最大。

表 4-12　　汇率变动对 *CPI* 变动的影响

变量	系数	标准差	t 值	Prob.
C	-3.37E-15	2.65E-16	-12.75021	0.0000 ***
CPI (-1)	3.56E-16	5.74E-17	6.205688	0.0000 ***
NEER_P (-1)	-1.74E-16	2.65E-17	-6.566787	0.0000 ***
NEER_N (-1)	2.17E-16	2.64E-17	8.215405	0.0000 ***
AP (-1)	-5.39E-17	6.96E-18	-7.742102	0.0000 ***
GAP (-1)	-1.89E-18	2.56E-19	-7.381328	0.0000 ***
GDP (-1)	1.99E-16	1.84E-17	10.81177	0.0000 ***
DCPI (-1)	1.36E-16	1.38E-16	0.985208	0.3256
DNEER_P	-3.21E-16	1.24E-16	-2.585781	0.0104 ***
DNEER_N	1.01E-16	1.32E-16	0.764713	0.4453
DAP	-1.15E-17	1.90E-17	-0.606966	0.5445
DGAP	-9.73E-19	2.58E-19	-3.770716	0.0002 ***
DGDP	9.92E-17	4.31E-17	2.304686	0.0221 **
Adjusted R - squared	0.9053	t_{BDM}	6.2057	
Durbin - Wartson stat	0.2352	F_{PSS}	70.9898 ***	

注：F_{PSS}是佩萨兰等（2001）提出的原假设为 $\rho=\theta^+=\theta^-=0$ 的 F 统计值。F 统计值在 10%，5% 和 1% 的显著性水平下的临界值分别为 4.14，4.85 和 6.36。表中 ***，** 和 * 分别表示 1%，5% 和 10% 的显著性水平。

根据表 4-12 可以计算出长期和短期的汇率传递弹性系数 *ERPT*，其中长期的正向传递和负向传递系数分别为：

$$ERPT_{3,L}^{+}=\hat{\beta}_{3,L}^{+}=-\frac{\hat{\theta}_3^{+}}{\hat{\rho}_3}=-\frac{-1.74E-16}{3.56E-16}=0.4888$$

$$ERPT_{3,L}^{-}=\hat{\beta}_{3,L}^{-}=-\frac{\hat{\theta}_3^{-}}{\hat{\rho}_3}=-\frac{2.17E-16}{3.56E-16}=-0.6096$$

而从表4-12中可以看出，*DCPI*（-1）和*DNEER_N*的*P*值均不显著，而*DNEER_P*的*P*值显著，因为短期汇率传递系数*ERPT*=*DNEER_N/DCPI*（-1）以及*ERPT*=*DNEER_P/DCPI*（-1），因此短期汇率传递系数不显著，所以可以认为短期内人民币汇率变动对消费者价格的传递不显著。而长期内存在汇率传递，且存在1期滞后期，这就说明长期内汇率波动对消费者价格的冲击会产生滞后效应。

从$ERPT_3$的计算可以看出，长期正向传递系数和负向传递系数的绝对值均小于1，拒绝假设4-2（长期汇率完全传递），因此长期来看人民币升值和贬值对我国进口价格的汇率传递效应都是不完全的。并且贬值时传递系数的绝对值大于升值时传递系数的绝对值，因此人民币贬值一个单位对我国消费者价格的传递效应大于人民币升值一个单位时的传递效应，拒绝假设4-3（长期汇率传递对称），这体现了长期内人民币汇率波动对我国消费者价格传递的非对称性。具体来说，升值时长期传递系数为0.4888，表明长期内人民币升值1%时，会引起消费者价格水平上升0.4888%，传递效率为48.88%；长期负向传递系数为-0.6096，表明长期内人民币贬值1%时，会引起进口价格水平下降0.6096%，传递效率为60.96%。因此，人民币升值1%和贬值1%的传递效率不同，体现了人民币汇率升值和贬值对进口价格传递的非对称性，并且人民币汇率贬值1%比升值1%对生产者价格的传递效应更大。另外，从表4-12中可以看出，长期传递具有滞后1期的效应。

上述结论与克内特（1994），波拉德和库格林（2004），博兹（2011），谢博婕、西村友作和门明（2014），贾凯威（2016）的结论是一致的，这些学者均认为汇率贬值较升值时汇率对国内消费者价格的传递效应更大。与前文所讨论的汇率贬值较升值时汇率对国内生产者价格的传递效应更大的原因一样，汇率贬值较升值对消费者价格的传递效应更大的结论也支持克内特（1994）和吉尔·帕雷亚（2000）提出的数量限制说。当人民币贬值时，外国出口商为了维持原有的、以出口国货币计价的利润水平，通常会固定成本加成，保持出口国货币计价的商品价格相对不变，那么此时以人民币计价的商品价格则能够充分反映汇率的变化，即人民币传递效应很大。反之，当人民币升值时，外国厂商通常会通过提高成本加成来维持以人民币计价的国内商品价格，此时汇率传递效应较小。因此数量限制说认为汇率贬值对国内商品价格的传递效应较汇率升值时大。而本小节的这一结论同时也说明，市场份额说和生产转换说等理论无法解释人民币汇率贬值对国内商品价格的传递效应较汇率升值时大的非对称性特征。

另外，本节的结论认为人民币汇率升值时的汇率传递系数 $ERPT^{+}_{3,L}=0.4888$，说明人民币升值时消费者价格会上升，即发生了正向汇率传递；而人民币汇率贬值时汇率传递系数为 $ERPT^{-}_{3,L}=-0.6096$，说明当人民币贬值时消费者价格也会上升，即发生负向的汇率传递。

相对于国外研究基本都得出汇率传递系数符号为负数的结论而言，国内的研究结论则在对国内物价水平的汇率传递系数符号方面出现了非常明显的差异。一部分学者如吕剑（2007），张纯威（2008），曹伟、罗浩和邓升军（2009）却在样本期内得出了符号为正的汇率传递系数符号，即汇率升值（贬值）会导致物价水平上升（下降）。而另一部分学者如倪克勤和曹伟（2009），李颖和栾培强（2010），潘锡泉和项后军（2010），黄寿峰、陈浪南和黄榆舒（2011）以及项后军和许磊（2011），甚至还在样本期内得出了汇率传递系数符号既有正数又有负数的结论。本小节的实证结果表明，人民币升值时对 *CPI* 的传递系数为正，这与上述部分文献的结论一致。这实际上意味着汇率的正向变化会导致物价水平发生了同样的正向变化，也就是说，此时汇率升值不仅不会对通货膨胀起到抑制作用，反而会起到“推波助澜”的作用。这与一段时期内人民币对外升值，对内贬值的现象不谋而合。而人民币汇率贬值时却同样会对消费者价格起到推动作用。这与王仁言等（2003）的观察很接近，他们认为汇率变化与国内物价之间并不存在绝对正相关或绝对负相关的简单对应关系。项后军和许磊（2011）则认为目前我国的汇率传递效应和通货膨胀之间，还存在某些国外文献未涉及的独特的“本土特征”。

这种“逆传递”主要可能是基于以下几个原因导致的。首先，在 1996～2015 年这一段时期，我国的国际贸易顺差日渐凸显，这导致外汇储备急剧增加，给人民币汇率带来了巨大的升值压力。由于当时我国采用的是钉住美元的汇率制度，因此中央银行为维护汇率稳定，不得不在外汇市场上持续买入大量外汇（易纲和范敏，1997），由此导致基础货币急剧增加，成为这一阶段基础货币投放的主要因素，这进而推升了物价水平。因此，尽管该时期的名义有效汇率有所升值，但为了维持汇率稳定而被迫增加的外汇占款导致基础货币的大量投放反而推动了物价水平的上涨，从而导致了汇率升值不仅不会降低物价水平反而还会对其起到推升作用。其次，自年 2005 年 7 月人民币汇率改革之后，为保持人民币汇率稳定，我国采取了小幅、渐进的升值政策。但有限的升值幅度引发了人民币持续升值的强烈预期，进而导致投机热钱的不断涌入。这进一步导致国内基础货币的迅速增加，从而加剧了通货膨胀形势。故可以在某种程度上认为，该时间段内强烈的人民币升值预期对国内通货膨胀带来的上升效应要远远大于人民币升值本身对国内通货膨胀带来的紧缩效应，从而导致了汇率传递系数符号为正这一现象。

再来看控制变量 $Z_{3,t-1}=(P_{t-1}^{*},\ GAP_{t-1},\ GDP_{t-1})$ 对 $y_{3,t-1}$ 的长期系数。

$$\frac{Z_{3,t-1}}{y_{3,t-1}}=-\frac{\gamma_3}{\rho_3}=\frac{(AP_{t-1},\ GAP_{t-1},\ GDP_{t-1})}{PPI_{t-1}}$$

$$=-\frac{(-5.39E-17,\ -1.89E-18,\ 1.99E-16)}{3.56E-16}$$

$$=(0.1514^{***},\ 0.0053^{***},\ -0.5590^{***})$$

由于短期不存在汇率传递效应，因此也不考虑控制变量因素对汇率传递效应的影响，在这里只探讨长期内控制变量对汇率传递效应的影响。从长期来看，国外价格指数、产出缺口和 *GDP* 的 *P* 值均显著，这说明国外价格指数、产出缺口和 *GDP* 的变动均会对国内生产者价格造成影响。

国外价格指数代表的是外国出口商的生产成本，产出缺口代表了国内的潜在需求，而 *GDP* 则代表了国内需求和经济增长。其中，国外价格指数对国内 *CPI* 价格的影响是正向的，即国外价格指数越高，外国出口商的生产成本越高，从而导致以外币计价的进口价格上升越快，由于 *CPI* 篮子中也包含了一部分进口价格，因此国内 *CPI* 价格也被拉高。其中国外价格指数提高 1%，国内 *CPI* 价格提高 0.1514%。产出缺口对国内 *CPI* 价格的影响也是正向的，即产出缺口越大，国内潜在需求越大，对国内 *CPI* 价格的拉升作用越明显。产出缺口的系数虽然统计上显著，然而从系数上来看，产出缺口扩大1%时，*CPI*价格仅上升0.0053%，这表明产出缺口冲击对国内*CPI*价格变动的影响较小，这与刘亚军、李伟平和杨宇俊（2008）的结论一致。而*GDP*对国内*CPI*价格的影响是负向的，系数统计上显著并且影响较大，*GDP*增加1%会引起*CPI*价格下降0.5590%。这里*GDP*代表的是国内需求和经济增长，表明在样本期内经济增长和国内需求的扩大降低了国内通货膨胀水平。这是因为经济的快速发展并不是构成物价上涨的直接原因，经济年增长率的变动幅度才是导致物价水平年增长率的变动幅度的主要原因（糜仲春和顾荣芳，1998）。而孙静娟和丘书俊（2012）也指出通货膨胀产生的原动力是正的产出缺口而不是经济增长本身。

因此本小节的结论认为，人民币贬值时对消费者价格的传递效应大于人民币升值时的效应，且人民币贬值时为负向传递，而人民币升值时为正向传递。造成这个结果的原因一方面可能是样本期内我国国际贸易顺差的扩大导致外汇储备急剧增加，给人民币汇率带来了巨大的升值压力，从而引起中央银行投放基础货币增加；另一方面也可能是升值预期导致热钱大量涌入推升了消费者价格。

4.6 本章小结

本章依据第2章的汇率传递理论和第3章建立的汇率非对称传递的理论模型，从汇率波动方向的角度详细探讨了汇率直接传递和汇率间接传递效应，通过采用最新的非线性自回归分布滞后（NARDL）模型，得到以下结论。

4.6.1 汇率对进口价格的传递效应

通过检验人民币名义汇率变动对中国进口价格的汇率传递效应，本章发现：

1. 人民币名义汇率对中国进口价格的长期汇率传递效应为正

即从长期来看人民币升值会带来进口价格的上涨，人民币贬值会带来进口价格的下跌。但短期汇率传递效应不显著。这一结果与传统的负传递结论不一致，因而具有“本土特征”，造成这个结果主要有两方面原因：一方面，人民币升值和升值预期共同作用导致了“逆传递”现象（曹伟和申宇，2013），通过货币供应机制，热钱通过地下渠道、贸易渠道等途径大量流入我国，并通过外汇占款推升国内进口替代品的价格和总体物价水平，最后倒逼进口价格水平上涨。由于本书所选取的样本期 1996 年 10 月 ~2015 年 11 月内，大部分时期是升值，因此人民币升值和升值预期可能造成进口价格的正向汇率传递效应。另一方面，本章 4. 5. 1 的实证检验发现，市场结构和产品替代机制对汇率的正向传递起到了一定作用。实证发现我国的市场结构为伯特兰德竞争的市场结构，本国厂商的垄断性较强，因而本国厂商具有较强的进口定价能力。从而当人民币贬值时，外国厂商由于其竞争性过强，不仅不会提高价格，反而有可能降低价格，出现汇率的正传递；而当人民币升值时，外国厂商可能会维持价格不变，或小幅提高价格来增加利润，这样也会出现汇率的正传递。而产品替代效应使得人民币升值时，进口替代品价格提高会倒逼进口商品的价格上涨，所以这也是造成汇率对进口价格正向传递的原因。

2. 人民币名义汇率贬值比升值对进口价格的传递效应更大，在汇率波动方向上的汇率传递效应非对称

该结论与大多数研究人民币汇率对进口价格传递的文献结论保持一致（曹伟和倪克勤，2010；曹伟，赵颖岚和倪克勤，2012；朱亚莉，2013；刘青，2014；贾凯威，2016）。然而，曹伟和倪克勤（2010）认为人民币升值对进口价格的影响很小，可以忽略不计。本章结论却发现虽然长期来看升值效应小于贬值效应，但是升值也会对进口价格造成显著影响。造成这种差别的原因可能是因为曹伟和倪克勤（2010）在对汇率传递公式进行回归时采用的是简单线性回归方程，而由于经济变量大多数都是非线性的，因而造成了结果的偏误。本书采用的 NARDL 方法在经济变量为非线性时仍然能够得到较为准确的结果，另外 NARDL 方法允许各变量同时存在 $I(0)$ 和 $I(1)$ 两种情况，并不要求同阶共整，因此本书所得出的结论的有效性更强。

4.6.2 汇率对生产者价格的传递效应

通过检验人民币名义汇率变动对中国生产者价格的汇率传递效应，本章发现：

1. 人民币名义汇率对中国生产者价格的长期汇率传递效应为负

从长期来看人民币升值会带来生产者价格的下跌，人民币贬值会带来生产者价格的上涨。但短期汇率传递效应不显著。这与大多数国外研究的结论一致，他们基本都得出汇率传递系数符号为负的结论，而国内的研究结论则在对国内物价水平的汇率传递系数符号方面出现了非常明显的差异，一部分学者得出了汇率传递系数为负的结论（封北麟，2006；毕玉江，2008；杨宇俊、门明和李伟平，2009）；另一部分学者则得出了汇率传递系数为正的结论（吕剑，2007；张纯威，2008；曹伟等，2009）；更有一部分学者得出汇率传递系数既有正又有负的结论（倪克勤和曹伟，2009；李颖和栾培强，2010；潘锡泉和项后军，2010；黄寿峰，陈浪南和黄榆舒，2011；项后军和许磊，2011）。

汇率对生产者价格的传递系数符号为负的原因可由控制变量 *GDP* 来解释。在本章 4.5.2 的实证检验中，*GDP* 对 *PPI* 的影响是负向的，这里 *GDP* 代表了国内需求和经济增长，当经济增长时，一般会带来汇率升值，而经济增长所带来的技术进步降低了原材料和中间投入品要素的价格，因此会引起国内生产者价格的下降，从而汇率传递系数为负。

2. 人民币名义汇率贬值比升值对生产者价格的传递效应更大，在汇率波动方向上的汇率传递效应非对称

该结论与克内特（1994），波拉德和库格林（2004），博兹（2011），谢博婕、西村友作和门明（2014）的结论是一致的，这些学者均认为汇率贬值较升值时汇率对国内生产者价格的传递效应更大。谢博婕、西村友作和门明（2014）认为人民币升值对生产者价格的影响很小，可以忽略不计，而人民币贬值时对生产者价格的影响显著，本章的结论也较好的印证了这一观点。造成这一结论的原因可能是由于数量限制说理论提及的原因，当人民币贬值时，外国出口商为了维持以出口国货币计价的利润水平，通常会保持出

口国货币计价的商品价格不变，那么此时以进口国货币计价的商品价格会随着汇率变化而变化，即人民币贬值时传递效应很大。反之，当人民币升值时，外国厂商通常会维持以人民币计价的商品价格不变，从而提高以出口国货币计价的利润水平，此时汇率传递效应较小。因此，数量限制说认为汇率贬值对国内生产者价格的传递效应较汇率升值时大。

4.6.3　汇率对消费者价格的传递效应

通过检验人民币名义汇率变动对中国消费者价格的汇率传递效应，本章发现：

1. 人民币名义汇率对中国消费者价格的长期汇率传递效应有正有负

当人民币升值时，汇率传递效应为正，当人民币贬值时，汇率传递效应为负。但短期汇率传递效应不显著。这与部分学者如倪克勤和曹伟（2009），李颖和栾培强（2010），潘锡泉和项后军（2010），黄寿峰、陈浪南和黄榆舒（2011）以及项后军和许磊（2011）的结论一致，他们均得出了在样本期内汇率传递系数符号既有正又有负的结论。本章 4.5.3 的实证意味着汇率升值不仅不会对通货膨胀起到抑制作用，反而会起到“推波助澜”的作用。这与一段时期内人民币对外升值，对内贬值的现象不谋而合。而人民币贬值时传递效应为负说明，汇率贬值时也会对消费者价格起到推动作用。这与王仁言（2003）的结论保持一致，他们认为汇率变化与国内物价之间并不存在绝对正相关或绝对负相关的简单对应关系。项后军和许磊（2011）则认为目前我国的汇率对 CPI 的传递效应存在着独特的“本土特征”。

这种现象主要可能是基于以下几个原因导致的。首先，在样本期内，我国的国际贸易顺差凸显，这导致外汇储备急剧增加，给人民币汇率带来了巨大的升值压力。央行为维护汇率稳定与当时钉住美元的汇率制度有关，不得不在外汇市场上持续买入大量外汇（易纲、范敏，1997），由此导致基础货币急剧增加，已成为这一阶段基础货币投放的主要因素，进而推升了物价水平。因此，尽管该时期的名义有效汇率有所升值，但为了维持汇率稳定而被迫增加的外汇占款导致基础货币的大量投放反而推动了物价水平的上涨，从而导致了汇率升值不仅不会降低物价水平反而还会对其起到推升作用，而汇率贬值的时期更是推升了物价水平。其次，自 2005 年 7 月人民币汇率改革之后，为保持人民币汇率稳定，我国采取了小幅、渐进的升值政策。但有限的升值幅度引发了人民币持续升值的强烈预期，进而导致投机热钱的不断涌入。这进一步导致国内基础货币的迅速增加，从而加剧了通货膨胀形势。故可以在某种程度上认为，该时间段下强烈的人民币升值预期对国内通货膨胀带来的上升效应要远远大于人民币升值本身对国内通货膨胀带来的紧缩效应，从而导致了人民币升值时汇率传递系数符号为正这一现象。

2. 人民币名义汇率贬值比升值对消费者价格的传递效应更大，在汇率波动方向上的汇率传递效应非对称

该结论与克内特（1994）、波拉德和库格林（2004）、博兹（2011）、谢博婕、西村友作和门明（2014）、贾凯威（2016）的结论是一致的，这些学者均认为汇率贬值较升值时汇率对国内消费者价格的传递效应更大。与前文所讨论的汇率贬值较升值时汇率对国内生产者价格的传递效应更大的原因一样，汇率贬值较升值对消费者价格的传递效应更大的结论也支持克内特（1994）和吉尔·帕雷亚（2000）提出的数量限制说。

第5章 基于汇率波动幅度的实证研究

5.1 计量模型简介

国内大多数文献都研究的是汇率升值和贬值对价格传递的不同影响，而从汇率波动幅度研究汇率传递效应的文献仅有曹伟和倪克勤（2010）、曹伟、赵颖岚和倪克勤（2012）、刘青（2014）、田广杰（2014）以及谢博婕、西村友作和门明（2014）。曹伟和倪克勤（2010）通过将汇率波动幅度的临界值设为中位值、平均值和门限模型获得的门限值三种方法，均发现人民币汇率波幅越大，对进口价格的传递效应越大。曹伟、赵颖岚和倪克勤（2012）采用同样的方法研究了原油进口价格对汇率变化的非对称反应，发现波幅大的汇率变动对原油进口价格的影响显著。田广杰（2014）则采用VAR模型发现在汇率波动幅度扩大的情况下，汇率对通货膨胀的传递效应明显扩大。谢博婕、西村友作和门明（2014）也得出人民币汇率变动幅度较大时，汇率对国内PPI和CPI价格的传递程度更显著，反之则不存在传递效应。然而曹伟和倪克勤（2010；2012）也指出若以贸易伙伴国货币计价进口价格的话，则汇率波动幅度较小时汇率传递效应较大。姜昱、邢曙光和杨胜刚（2010）同样也得出了当人民币汇率波动幅度小于一个门限值时对进口价格的传递效应较大，而高于门限值时传递效应较小，即较小的汇率波动幅度对进口价格的传递效应要大于较大的波动幅度。而与上述这些研究人民币汇率波动幅度对进口价格传递效应的结论不同的是，刘青（2014）采用了平滑转换回归（STR）模型对进口价格水平也进行了分析，发现当汇率的波动性远离或接近门限值时（不论汇率是升值还是贬值），人民币名义有效汇率对进口价格的影响是不同的；当汇率的波动性接近门限值时，汇率的传递效应较小，而当汇率的波动性远离门限值时，汇率的传递效应较大，汇率传递效应的方向均为负，但是汇率波动性增大时传递效应增加了。

总结来看，以上的这些研究对汇率波幅对进口价格水平的影响是正相关还是负相关没有给出定论；是汇率波幅越大时传递效应越强，还是汇率波幅越小时传递效应越强也存在争议。因此，本书将从汇率波动幅度的角度分别考察波幅较大和波幅较小时汇率对进口价格、生产者价格和消费者价格的不同影响。

关于汇率波动幅度大小的界定，不同学者采用的方法不同。波拉德和库格林（2004）将3%作为划分汇率波动幅度大小的临界值，他们将大于或等于3%的美元汇率升值或贬值定义为较大波幅，小于3%的升值或贬值定义为较小波幅。而曹伟和倪克勤（2010）则将汇率波动幅度的临界值分别设为中位值、平均值和门限模型获得的门限值三种形式，大于等于临界值的为较大波幅，小于临界值的为较小波幅。谢博婕、西村友作和门明（2014）则是将中位值用于人民币汇率波幅大小的界定。田广杰（2014）则通过将2005年7月的汇改时间做划分，汇改前波幅小，汇改后波幅大。刘青（2014）则是采用了平滑转换回归（STR）模型计算出了临界值。

以上这些文献均采用不同的方法设置了一个汇率波动幅度的临界值，将大于等于临界值的波动称为较大波幅，而将小于临界值的波动称为较小波幅。然而这些文献均不能判断在多个不同临界值之间时，汇率波动幅度的大小汇率传递效应的大小。为了解决这个问题，本书则采用了B样条回归(B - spline regression）的方法，该方法可以通过设置汇率波动幅度的不同节点值，从而判断在不同节点区间内汇率传递效应的大小。较之于上述的中位值、平均值和门限值方法，只能得到小于门限值和大于门限值两段数据的回归系数，该方法可以依照不同分位数值求得不同分位数区间内的参数估计值，从而描述在不同分位数区间内，解释变量对被解释变量的影响，并进一步利用不同分位数值来了解整个数据的分布状态。另外，该方法优于中位值、平均值和单一门限值的地方在于B样条回归可以很好地平滑在不同分位值处的端点现象，得到的参数估计值是平滑曲线，从而可以对回归方程更好地拟合。

所以，本书选择 B 样条回归分析模型，将人民币汇率波动幅度作为解释变量，并分别以中国的进口价格波动幅度、生产者价格波动幅度和消费者价格波动幅度为被解释变量，检验基于汇率波动幅度的人民币汇率传递效应。

5.2　B 样条回归（B－spline regression）模型

在数学的子学科数值分析里，B 样条是样条曲线一种特殊的表示形式。它是 B 样条基曲线的线性组合。B 样条是贝茨曲线的一种一般化，可以进一步推广为非均匀有理 B 样条，使得我们能给更多一般的几何体建造精确的模型。按照魏尔施特拉斯（Weierstrass）逼近定理，任何连续函数都可以被一个函数集任意接近地逼近，所以样条函数可以任意逼近均衡模型的函数形式或它们的修正形式。B 样条函数集构成了样条空间的一组基底，选用 B 样条函数作为样条空间的基底可以有效克服计算机数值计算精度不够的问题。

5.2.1　B 样条曲线

B 样条曲线于 1946 年首次由舍恩伯格（Schoenberg）提出，为计算机图学领域中用以产生连续曲线的方法之一。B 样条曲线包含贝塞尔（Bezier）曲线的通用数学表示法，除了有贝塞尔曲线的优点，同时具有局部控制的能力和可在不改变曲线阶数（order）下增加曲线的控点等特性。B 样条曲线数学模式如下：

若 $P(t)$ 为曲线上的位置向量，则沿着参数 t 的 B 样条曲线可定义为：

$$P(t) = \sum_{i=1}^{n+1} B_i N_{i,k}(t),\ t_{\min} \leqslant t \leqslant t_{\max},\ 2 \leqslant k \leqslant (n+1) \tag{5.1}$$

其中 B_i 为控制点位置向量，简称控制点，个数为（$n+1$）。$N_{i,k}$则是正规化的 B 样条基函数。在阶数为 k（次数 $k-1$）时，第 i 个 B 样条基函数 $N_{i,k}(t)$ 定义为：

$$N_{i,1}(t) = \begin{cases} 1, & u_i \leqslant t \leqslant u_{i+1} \\ 0, & \text{其他} \end{cases} \tag{5.2}$$

并且，$$N_{i,k}(t) = \frac{(t-u_i)\ N_{i,k-1}\ (t)}{u_{i+k-1}-u_i} + \frac{(u_{i+k}-t)\ N_{i+1,k-1}\ (t)}{u_{i+k}-u_{i+1}} \tag{5.3}$$

u_i 为节点向量中的第 i 个元素，且 $u_i \leqslant u_i+1$，$t_{\min} \leqslant t \leqslant t_{\max}$。式（5.3）中定义 0/0 =0。

通常阶数 k 的曲线满足：

（1）任何 u_i 区间中 $P(t)$ 必为 $k-1$ 次的多项式。

（2）$P(t)$ 具有 1，2，…，$k-2$ 阶微分的连续性。

（3）对于同一 k 值而言，

$$\sum_{i=1}^{n+1} N_{i,k}(t) \equiv 1 \tag{5.4}$$

（4）在 t 的有效区间中 $N_{i,k} \geqslant 0$，且任一 $N_{i,k}$ 均仅有唯一极大值，除 $k=1$，2 外，$N_{i,k}$ 均为连续平滑曲线。

节点向量是决定 B 样条曲线基函数 $N_{i,k}(t)$ 的重要参数，若曲线具有相同的控制点，但节点向量不同，则曲线的状况便会不同。通常节点向量的基本要求只有元素 u_i 为单调递增，即 $u_i \leqslant u_i+1$，基本上节点向量有三种形式：均匀分布（uniform）、开放均匀分布（open uniform or open）及非均匀分布（nonuniform）。均匀式节点向量是三种形式之中最简单的一种，均匀分布节点向量内的节点值以等差级数方式排列，且在一般使用上第一个元素值为零。均匀分布节点向量，会使 B 样条曲线全部的基底函数曲线形状相同，且仅为参数在曲线平移一个节点的增量值。除非重复首尾的控制点，否则 B 样条曲线的首尾两端并不会落于首尾的控制点上。

5.2.2 B 样条回归估计

B 样条回归模型可以设置为：

$$y=\beta_0+\beta_1 B_1(x)+\beta_2 B_2(x)+\cdots+\beta_k B_k(x)+\varepsilon \tag{5.5}$$

5.3 数据选取与描述性统计

5.3.1 变量选取

由于本章讨论的是人民币汇率波动幅度分别对进口价格、国内生产者价格和国内消费者价格的汇率传递效应是否存在非对称性，即波幅大与波幅小的汇率波动是否分别对三种价格的影响不一样。因此本章选取的变量为人民币名义有效汇率（*NEER*）、中国进口价格指数（*IPI*）、中国生产者价格指数（*PPI*）以及中国消费者价格指数（*CPI*）。

本章先对这四个变量进行差分处理，分别代表四者的波动，并取绝对值代表波动幅度。值得注意的是，本章与前面章节不同的是，并没有对变量进行对数化处理，因为本章需要讨论的是各变量变动幅度的绝对值大小。将这四个变量的波动幅度分别记为：

$$SNEER = |\Delta NEER|;$$

$$SIPI = |\Delta IPI|;$$

$$SPPI = |\Delta PPI|;$$

$$SCPI = |\Delta CPI|。$$

5.3.2 描述性统计分析

对各个变量进行描述性统计分析，如表 5－1 所示。

表 5－1　各变量的描述性统计分析

项目	*SNEER*	*SIPI*	*SPPI*	*SCPI*
平均值	0.9659	2.3662	0.6058	0.4607
最大值	4.6400	11.9000	4.6000	2.6000
中位数	0.7800	1.9000	0.4416	0.3223
最小值	0.0100	0.0000	0.0000	0.0000
标准差	0.7722	2.0710	0.6519	0.4045
偏度	1.4696	1.6502	2.8027	1.6126
峰度	6.2127	6.5439	13.8379	6.6705
Jarque－Bera	181.7043***	224.7449***	1426.766***	228.7910***

注：*** 代表 1% 的显著性水平。

从表 5 -1 可以分别看到汇率波幅、进口价格波幅、生产者价格波幅和消费者价格波幅的均值、中位值、最大值和最小值。生产者价格波幅的均值、平均值和最大值均略高于消费者价格的平均值，而进口价格波幅无论是均值、中位值还是最大值均分别高于生产者价格波幅和消费者价格波幅的相应值。另外，比较三种价格的标准差可以发现，进口价格波幅的标准差最大，而消费者价格波幅的标准差最小，生产者价格波幅的标准差略高于消费者价格波幅的标准差。因此，综合这两方面因素来看，进口价格的波动性 > 生产者价格的波动性 > 消费者价格的波动性。从偏度、峰度和 Jarque - Bera 值来看，这四个变量均不服从正态分布。

分别画出人民币汇率波动幅度与进口价格波幅、生产者价格波幅和消费者价格波幅的散点图，如图 5 -1 ~ 图 5 -3 所示。

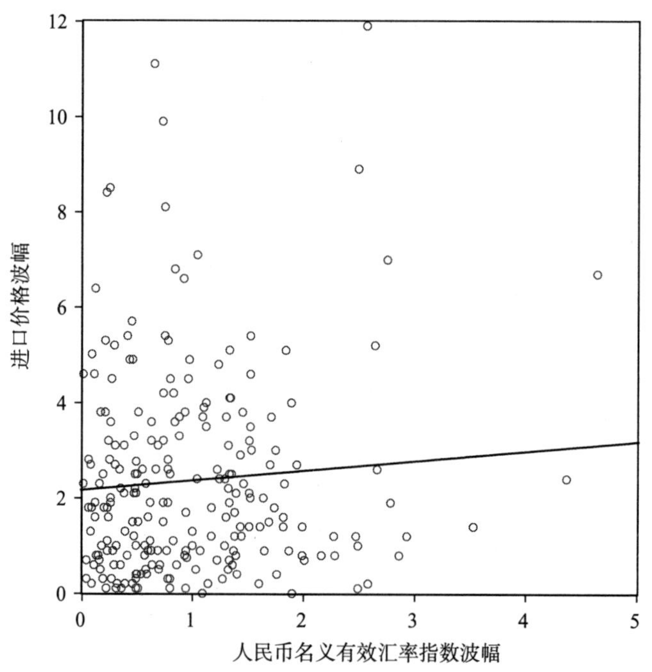

图 5 -1　人民币汇率波幅与进口价格波幅散点图

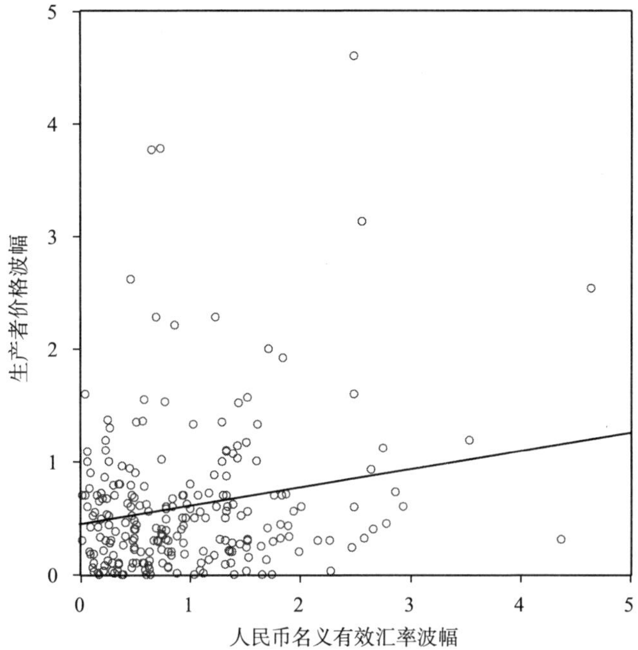

图 5－2　人民币汇率波幅与生产者价格波幅散点图

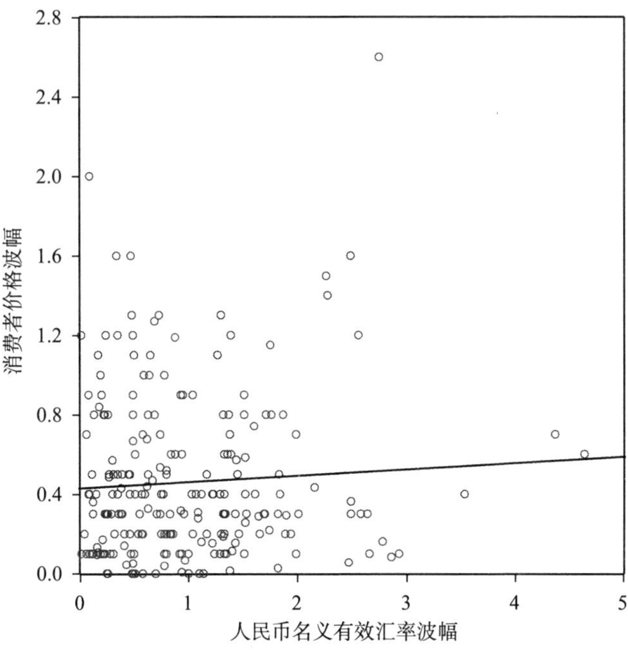

图 5－3　人民币汇率波幅与消费者价格波幅散点图

从图 5 –1 ~图 5 –3 中的简单线性回归曲线可以看出，人民币汇率波动幅度与进口价格、生产者价格和消费者价格之间均呈现出正相关关系，即汇率波动幅度越大，这三种价格的变动也越大。然而从简单线性回归里我们无法判断较大的汇率波动幅度相对于较小的汇率波动幅度哪个汇率传递效应更大，因为简单线性回归的估计系数在整个样本期内为常数，而从图 5 –1 ~图 5 –3 中可以看出，有许多散点远离回归线并没有被很好地拟合。因而，我们需要在后续的讨论中采取其他方法进一步分析这个问题。

5.4 单位根检验结果

各变量单位根检验结果如表 5 –2 所示。

表 5 –2　　各变量单位根检验结果

变量	水平值检验			结论
	ADF	PP	KPSS	
SNEER	–12.0222 ***	–12.07222 ***	0.2128	平稳
SIPI	–11.5830 ***	–11.5633 ***	0.1278	平稳
SPPI	–7.5770 ***	–7.3838 ***	0.1550	平稳
SCPI	–12.5290 ***	–12.5942 ***	0.2023	平稳

注：*** 代表在 1% 的显著性水平下显著。

由于这四个时间序列全部为平稳时间序列，即 $I(0)$ 序列，因此在下文的实证检验中可以直接采用 OLS 回归或 B 样条回归。

5.5 OLS 回归结果

在判断汇率波幅大小对汇率传递的非对称性效应时，要首先明确如何界定汇率波幅的大小。一般来说，可以通过设定门限值来判断波幅大小，假定货币变动的幅度超过某一门限值，我们就认为是大的汇率变动；如果货币变动的幅度小于某一门限值，就认为是小的汇率变动。因此，为了设定这样一个门限值，本书首先运用两种方法来进行界定：一是中位值，二是平均值。

本书首先借鉴唐（Tong，1978）和汉森（Hansen，1996；1999；2000）的门限回归的思想，其次建立门限回归模型来分析变量之间的关系。本书通过设置虚拟变量进行 OLS 回归来实现门限回归的思想。

假设：

$$D_1 = \begin{cases} 1 & |\Delta X_t| \geqslant \text{临界值} \\ 0 & \text{其他} \end{cases}, \quad D_2 = \begin{cases} 1 & |\Delta X_t| < \text{临界值} \\ 0 & \text{其他} \end{cases}$$

将虚拟变量代入到式（5.5）中变为：

$$\Delta P_t = \alpha + \beta_1 D_1 \Delta X_t + \beta_2 D_2 \Delta X_t + \varepsilon_t \tag{5.6}$$

其中 ΔP_t 分别代表 *SIPI*、*SPPI* 和 *SCPI*，ΔX_t 则代表 *SNEER*。

5.5.1 中位值为门限值

1. 对进口价格进行检验

根据表 5－1 的结果，进口价格波幅的中位数为 1.9000，因此，

$$D_1 = \begin{cases} 1 & |\Delta X_t| \geqslant 1.9000 \\ 0 & \text{其他} \end{cases}, D_2 = \begin{cases} 1 & |\Delta X_t| < 1.9000 \\ 0 & \text{其他} \end{cases}$$

将其代入式（5.6）中进行 OLS 回归得到结果如下：

$$SIPI = 2.2553 + 1.0989 D_1 \times SNEER - 0.8849 D_2 \times SNEER$$
$$(0.0001) \qquad (0.0001) \qquad (0.0001) \tag{5.7}$$

其中 $\bar{R}^2 = 0.3561$，式（5.7）中括号内的值为各系数的 P 值。从式（5.7）中可以看到，当汇率波幅较小时汇率的传递效应较小，当汇率波幅较大时汇率的传递效应较大。D_1 的系数显著为正，说明汇率波幅大于或等于平均值时，汇率波幅与进口价格波幅正相关。然而 D_2 的系数显著为负，说明汇率波幅小于平均值时，汇率波幅与进口价格波幅负相关。综上可知，汇率波幅与进口价格波幅的关系应该为“V”形曲线。

2. 对生产者价格进行检验

根据表 5－1 的结果，生产者价格波幅的中位数为 0.4416，因此，

$$D_1=\begin{cases}1 & |\Delta X_t|\geqslant 0.4416\\ 0 & \text{其他}\end{cases},\quad D_2=\begin{cases}1 & |\Delta X_t|<0.4416\\ 0 & \text{其他}\end{cases}$$

将其代入式（5.6）中进行 OLS 回归得到结果如下：

$$SPPI=0.5043+0.3737D_1\times SNEER-0.1976D_2\times SNEER$$
$$(0.0001)\qquad\qquad(0.0001)\qquad\qquad(0.0001)\qquad(5.8)$$

其中 $\overline{R}^2=0.3168$，式（5.8）中括号内的值为各系数的 P 值。从式（5.8）中可以看到，当汇率波幅较小时汇率的传递效应较小，当汇率波幅较大时汇率的传递效应较大。D_1 的系数显著为正，说明汇率波幅大于平均值时，汇率波幅与生产者价格波幅正相关。然而 D_2 的系数显著为负数，说明汇率波幅小于平均值时，汇率波幅与生产者价格波幅负相关。综上可知，汇率波幅与生产者价格波幅的关系应该为“V”形曲线。

3. 对消费者价格进行检验

根据表 5 - 1 的结果，生产者价格波幅的中位数为 0.3223，因此，

$$D_1=\begin{cases}1 & |\Delta X_t|\geqslant 0.3223\\ 0 & \text{其他}\end{cases},\quad D_2=\begin{cases}1 & |\Delta X_t|<0.3223\\ 0 & \text{其他}\end{cases}$$

将其代入式（5.6）中进行 *OLS* 回归得到结果如下：

$$SCPI=0.4594+0.1895D_1\times SNEER-0.1887D_2\times SNEER$$
$$(0.0001)\qquad\qquad(0.0001)\qquad\qquad(0.0001)\qquad(5.9)$$

其中 $\overline{R}^2=0.3168$，式（5.9）中括号内的值为各系数的 P 值。从式（5.9）中可以看到，当汇率波幅较小和较大时，汇率传递效应大致相同。D_1 的系数显著为正，说明汇率波幅大于平均值时，汇率波幅与生产者价格波幅正相关。然而 D_2 的系数显著为负数，说明汇率波幅小于平均值时，汇率波幅与消费者价格波幅负相关。综上可知，汇率波幅与消费者价格波幅的关系应该为“V”形曲线。

5.5.2 平均值为门限值

1. 对进口价格进行检验

根据表 5 - 1 的结果，进口价格波幅的平均值为 2.3662，因此，

$$D_1=\begin{cases}1 & |\Delta X_t|\geqslant 2.3662\\ 0 & \text{其他}\end{cases},\quad D_2=\begin{cases}1 & |\Delta X_t|<2.3662\\ 0 & \text{其他}\end{cases}$$

将其代入式（5.6）中进行 OLS 回归得到结果如下：

$$SIPI = 2.3002 + 1.2947D_1 \times SNEER - 0.8030D_2 \times SNEER$$
$$(0.0001) \qquad (0.0001) \qquad (0.0001) \qquad (5.10)$$

其中 $\overline{R}^2 = 0.3864$，式（5.10）中括号内的值为各系数的 P 值。从式（5.10）中可以看到，当汇率波幅较小时汇率的传递效应较小，当汇率波幅较大时汇率的传递效应较大。D_1 的系数显著为正，说明汇率波幅大于或等于平均值时，汇率波幅与进口价格波幅正相关。然而 D_2 的系数显著为负，说明汇率波幅小于平均值时，汇率波幅与进口价格波幅负相关。综上可知，汇率波幅与进口价格波幅的关系应该为“V”形曲线。

2. 对生产者价格进行检验

根据表 5-1 的结果，生产者价格波幅的平均值为 0.6058，因此，

$$D_1 = \begin{cases} 1 & |\Delta X_t| \geqslant 0.6058 \\ 0 & \text{其他} \end{cases}, \quad D_2 = \begin{cases} 1 & |\Delta X_t| < 0.6058 \\ 0 & \text{其他} \end{cases}$$

将其代入式（5.6）中进行 OLS 回归得到结果如下：

$$SPPI = 0.5115 + 0.5031D_1 \times SNEER - 0.1432D_2 \times SNEER$$
$$(0.0001) \qquad (0.0001) \qquad (0.0001) \qquad (5.11)$$

其中 $\overline{R}^2 = 0.3926$，式（5.11）中括号内的值为各系数的 P 值。从式（5.11）中可以看到，当汇率波幅较小时汇率的传递效应较小，当汇率波幅较大时汇率的传递效应较大。D_1 的系数显著为正，说明汇率波幅大于平均值时，汇率波幅与生产者价格波幅正相关。然而 D_2 的系数显著为负数，说明汇率波幅小于平均值时，汇率波幅与生产者价格波幅负相关。综上可知，汇率波幅与生产者价格波幅的关系应该为“V”形曲线。

3. 对消费者价格进行检验

根据表 5-1 的结果，生产者价格波幅的平均值为 0.4607，因此，

$$D_1 = \begin{cases} 1 & |\Delta X_t| \geqslant 0.4607 \\ 0 & \text{其他} \end{cases}, \quad D_2 = \begin{cases} 1 & |\Delta X_t| < 0.4607 \\ 0 & \text{其他} \end{cases}$$

将其代入式（5.6）中进行 OLS 回归得到结果如下：

$$SCPI = 0.4617 + 0.2658D_1 \times SNEER - 0.1563D_2 \times SNEER$$
$$(0.0001) \qquad (0.0001) \qquad (-0.0001)$$
$$(5.12)$$

其中 $\overline{R}^2=0.3958$，式（5.12）中括号内的值为各系数的 P 值。从式（5.12）中可以看到，当汇率波幅较小时汇率的传递效应较小，当汇率波幅较大时汇率的传递效应较大。D_1 的系数显著为正，说明汇率波幅大于平均值时，汇率波幅与生产者价格波幅正相关。然而 D_2 的系数显著为负数，说明汇率波幅小于平均值时，汇率波幅与进口价格波幅负相关。从上可知，汇率波幅与消费者价格波幅的关系应该为“V”形曲线。

5.6 B 样条回归结果

基于以上的 OLS 结果，我们发现通过设置一个门限值的 OLS 回归拟合出来的结果并不是很显著，而且拟合曲线存在拐点，并不是平滑曲线。因此本书接下来采用 B 样条回归，将 X 的节点数设置为 X 的十分位数 $\theta=(0, 0.1, 0.2, 0.3, \cdots, 0.9, 1)$，并采用四阶三次 B 函数基，分别对三种价格进行回归，得到的结果如下。

5.6.1 汇率波幅与进口价格的 B 样条回归结果

该回归的平均 $\overline{R}^2=0.5950$，远大于前述的两种 OLS 回归结果。从图 5-4 可以看出，人民币汇率波幅与进口价格波幅的曲线呈现出“U”形趋势，并且当人民币汇率波幅小于 1.75 时，汇率波幅的扩大会引起进口价格波动的幅度减小，此时汇率传递为负。而当人民币汇率波幅大于 1.75 时，汇率波幅的扩大会引起进口价格波动幅度的扩大，此时汇率传递为正。

当 $SNEER<1.75$ 时，随着人民币汇率波幅的增加，进口价格的波幅下降，由于汇率传递系数为该曲线的斜率，所以此时汇率传递系数 $\hat{\beta}$ 的绝对值随着人民币汇率波幅的增加而减小。这说明当 $SNEER<1.75$ 时，汇率波幅较大时对进口价格的传递效应小于汇率波幅较小时的传递效应。

当 $SNEER\geqslant 1.75$ 时，随着人民币汇率波幅的增加，进口价格的波幅也增加，此时汇率传递系数 $\hat{\beta}$ 的绝对值随着人民币汇率波幅的增加而增加，这说明当 $SNEER\geqslant 1.75$ 时，汇率波幅较大时对进口价格的传递效应大于汇率波幅较小时的传递效应。

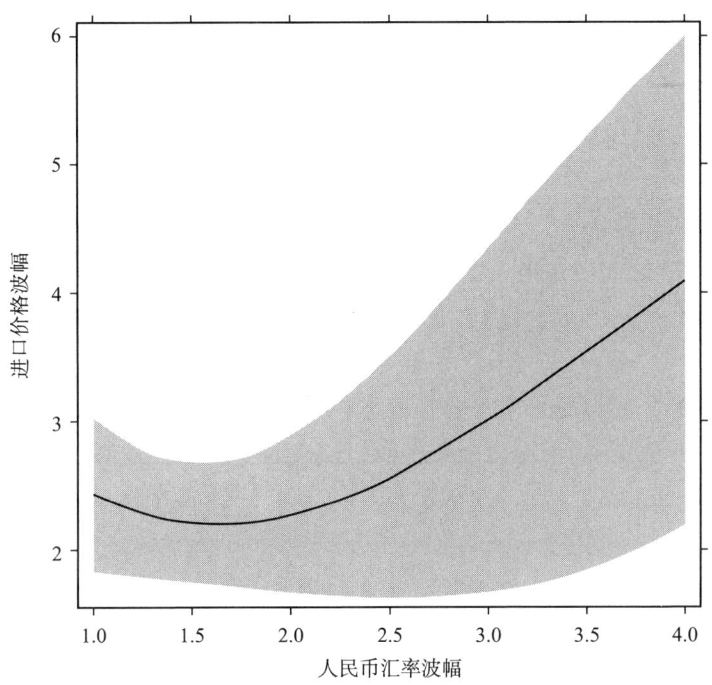

图 5－4　人民币汇率波幅与进口价格波幅的 B 样条回归结果

综上所述，可以总结出结论如表 5－3 所示。

表 5－3　　*SNEER*、*SIPI* 与 *ERPT* 动态分析

	SNEER < 1. 75	*SNEER* ≥ 1. 75
SNEER 与 *SIRI*	*SNEER* ↑ → *SIPI* ↓	*SNEER* ↑ → *SIPI* ↑
SNEER 与 *ERPT*	*SNEER* ↑ → *ERPT* ↓	*SNEER* ↑ → *ERPT* ↑

根据表 5－3 得出了以下结论：人民币汇率波动幅度与进口价格变动幅度之间呈“U”形曲线。当人民币汇率波动幅度处于一个较低的水平时，汇率传递为负，且汇率波动幅度越小，汇率变动对进口价格的传递效应越高。而当人民币汇率波动幅度处于一个较高的水平时，汇率传递为正，且汇率波

动幅度越大，汇率变动对进口价格的传递效应越高。

5.6.2 汇率波幅与生产者价格波幅的B样条回归结果

该回归的平均 $\overline{R}^2=0.5461$，也远大于前述的两种OLS回归结果。从图5-5可以看出，人民币汇率波幅与生产者价格波幅的曲线接近于一条直线，但还是呈现出轻微的“S”形，存在两个门槛值，一个是2.75，另一个是3.75。可以看出，当人民币汇率波幅小于2.75、当人民币汇率波幅介于2.75和3.75之间以及当人民币汇率波幅大于3.75时，汇率波幅的扩大均会引起PPI价格波动幅度的扩大，即汇率波幅与PPI价格波幅正相关，汇率传递为正。

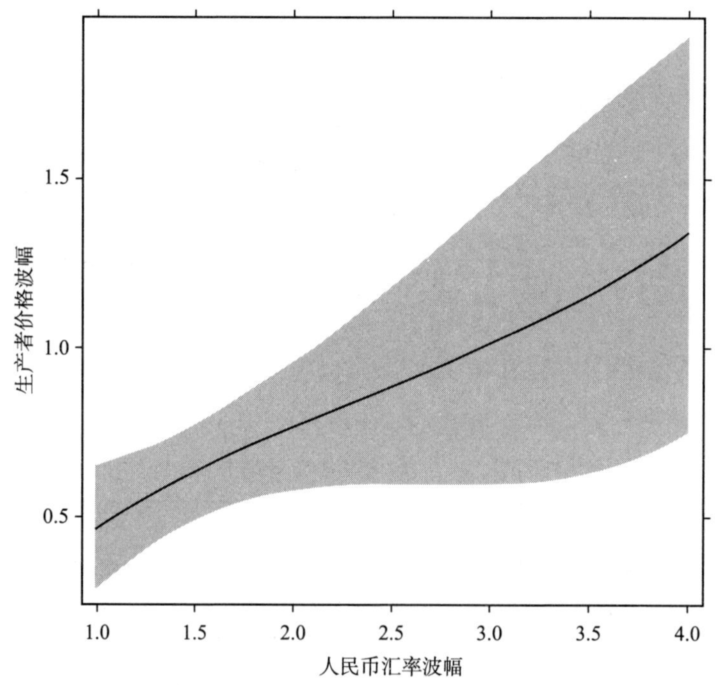

图5-5 人民币汇率波幅与生产者价格波幅的B样条回归结果

当 *SNEER* <2.75 时，随着人民币汇率波幅的增加，*PPI* 的汇率传递系数 $\hat{\beta}$ 随着人民币汇率波幅的增加而减小，这说明在 *SNEER* <2.75 时，汇率

波幅较大对 *PPI* 的传递效应小于汇率波幅较小时的传递效应。

当 $2.75 \leqslant SNEER < 3.75$ 时，随着人民币汇率波幅的增加，*PPI* 的汇率传递系数 $\hat{\beta}$ 随着人民币汇率波幅的增加而增加，这说明在 $2.75 \leqslant SNEER < 3.75$ 时，汇率波幅较大对 *PPI* 的传递效应大于汇率波幅较小时的传递效应。

当 $SNEER \geqslant 3.75$ 时，随着人民币汇率波幅的增加，*PPI* 的汇率传递系数 $\hat{\beta}$ 随着人民币汇率波幅的增加而增加，这说明当 $SNEER \geqslant 3.75$ 时，汇率波幅较大对 *PPI* 的传递效应大于汇率波幅较小时的传递效应。

故而综上所述，可以总结出结论如表 5 - 4 所示。

表 5 - 4　*SNEER*、*SPPI* 与 *ERPT* 动态分析

	SNEER < 2.75	*SNEER* ≥ 2.75
SNEER 与 *SPPT*	*SNEER* ↑ →*SPPI* ↑	*SNEER* ↑ →*SPPI* ↑
SNEER 与 *ERPT*	*SNEER* ↑ →*ERPT* ↓	*SNEER* ↑ →*ERPT* ↑

因此，得出了以下结论：人民币汇率波动幅度与生产者价格变动幅度之间呈“S”形曲线，汇率传递为正。当人民币汇率波动幅度处于一个较低的水平时，汇率波动幅度越小，汇率变动对生产者价格的传递效应越高。而当人民币汇率波动幅度处于一个较高的水平时，汇率波动幅度越大，汇率变动对生产者价格的传递效应越高。

5.6.3　汇率波幅与消费者价格波幅的 B 样条回归结果

该回归的平均 $\overline{R}^2 = 0.6031$，也远大于前述的两种 OLS 回归结果。从图 5 - 6 可以看出，人民币汇率波幅与消费者价格的曲线呈倒“U”形，当人民币汇率波幅小于 3.75 时，汇率波幅的扩大会引起 *CPI* 价格波动的幅度扩大，此时汇率传递为正向传递。而当人民币汇率波幅大于 3.75 时，汇率波幅的扩大反而会引起 *CPI* 价格波动的幅度减小，此时汇率传递出现负传递。

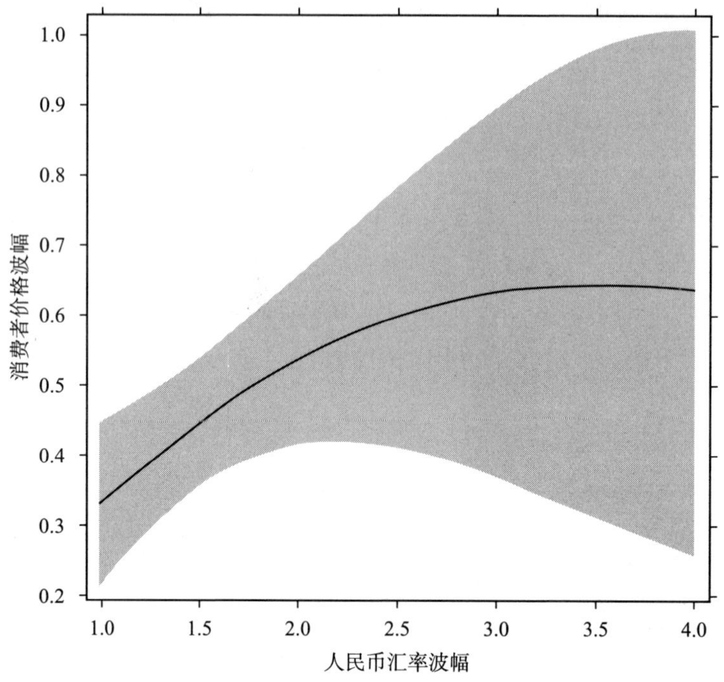

图 5－6　人民币汇率波幅与消费者价格波幅的 B 样条回归结果

当 *SNEER* <3.75 时，随着人民币汇率波幅的增加，*CPI* 价格的波幅上升，此时汇率传递系数 $\hat{\beta}$ 随着人民币汇率波幅的增加而减小。这说明当 *SNEER* <3.75 时，较大的汇率波幅对 *CPI* 的传递效应小于较小的汇率波幅的传递效应。

当 *SNEER*≥3.75 时，随着人民币汇率波幅的增加，*CPI* 价格的波幅也增加，此时汇率传递系数 $\hat{\beta}$ 为负值，并且其绝对值随着人民币汇率波幅的增加而增加，这说明在 *SNEER*≥3.75 时，大的汇率波幅对 *CPI* 的传递效应大于小的波幅的传递效应。

综上所述，可以总结出结论如表 5－5 所示。

表 5－5　*SNEER*、*SCPI* 与 *ERPT* 动态分析

	SNEER <3.75	*SNEER*≥3.75
SNEER 与 *SCPI*	*SNEER*↑→*SCPI*↑	*SNEER*↑→*SCPI*↓
SNEER 与 *ERPT*	*SNEER*↑→*ERPT*↓	*SNEER*↑→*ERPT*↑

因此，得出了以下结论：人民币汇率波动幅度与消费者变动幅度之间呈倒“U”形曲线。当人民币汇率波动幅度处于一个较低水平时，汇率传递为正，且汇率波动幅度越小，汇率变动对消费者价格的传递效应越高。而当人民币汇率波动幅度处于一个较高水平时，汇率传递为负，且汇率波动幅度越大，汇率传递对消费者价格的传递效应越大。

5.6.4　B 样条回归结果分析

综合上述人民币汇率变动对三种价格的传递效应的结果可知：当人民币汇率波动幅度在一个较小的范围内时，汇率波动幅度越小，对价格的传递效应越大。而当汇率波动幅度超过这个范围时，汇率波动幅度越大，对价格的传递效应越大。

这与刘青（2014）的结论有类似之处，他指出当汇率的波动幅度接近门限值时，汇率的传递效应越小，而当汇率的波动幅度远离门限值时传递效应越大，这与本书的结论一致。然而刘青（2014）指出当汇率的波动幅度接近门限值时汇率传递的方向并没有发生改变，这与本书的结论不一致。本书的结论发现对于进口价格和消费者价格而言，当汇率的波动幅度接近门限值时，汇率传递的方向发生了改变；而对于生产者价格而言，汇率传递方向没有发生改变。产生这个结果可能有以下两个原因。

首先，本书所采用的中国进口商品价格指数是以美元计价的，波拉德和库格林如果进口商品以外国货币计价，由于存在菜单成本，汇率的较小波幅不会对外国厂商实际收到的价格产生影响，但是却会完全影响到进口国商品价格，此时汇率传递是完全的。而当汇率波动幅度较大时，出口商会调整出口价格，从而降低汇率传递的效果。在这种情况下，当汇率波幅较小时，汇率的传递效应更大。

其次，价格刚性的存在影响了厂商的定价决策。当汇率波幅小于临界值时，外国厂商一般不会迅速改变商品价格，而只有当汇率的变动累积到一定程度时，外国厂商才会重新设定价格。因此，当汇率波幅超过临界值时，价格刚性的作用使得汇率波幅越大，汇率的传递效应越大。

5.7 本章小结

本章采用了 B 样条回归估计方法（B – spline regression）分别对人民币汇率波动幅度大小对中国的进口价格波动幅度、生产者价格波动幅度和消费者价格波动幅度进行了汇率传递的实证检验，并得出了以下结论。

5.7.1 汇率波幅对进口价格的传递效应

（1）人民币汇率波动幅度与进口价格变动幅度之间呈“U”形曲线。当人民币汇率波动幅度处于一个较低的水平时，汇率传递为负，即人民币汇率波动幅度与进口价格变动幅度之间负相关。当人民币汇率波动幅度处于一个较高的水平时，汇率传递为正，即人民币汇率波动幅度与进口价格变动幅度之间正相关。

（2）当人民币汇率波动幅度处于一个较低的水平时，汇率波动幅度越小，汇率变动对进口价格的传递效应越大。

（3）当人民币汇率波动幅度处于一个较高的水平时，汇率波动幅度越大，汇率变动对进口价格的传递效应越大。

5.7.2 汇率波幅对生产者价格的传递效应

（1）人民币汇率波动幅度与生产者价格变动幅度之间呈“S”形曲线，汇率传递为正，即人民币汇率波动幅度与生产者价格变动幅度之间正相关。

（2）当人民币汇率波动幅度处于一个较低的水平时，汇率波动幅度越小，汇率变动对生产者价格的传递效应越大。

（3）当人民币汇率波动幅度处于一个较高的水平时，汇率波动幅度越大，汇率变动对生产者价格的传递效应越大。

5.7.3 汇率波幅对消费者价格的传递效应

（1）人民币汇率波动幅度与消费者变动幅度之间呈倒“U”形曲线。

当人民币汇率波动幅度处于一个较低水平时，汇率传递为正，即人民币汇率波动幅度与进口价格变动幅度之间正相关。当人民币汇率波动幅度处于一个较高水平时，汇率传递为负，即人民币汇率波动幅度与进口价格变动幅度之间负相关。

（2）当人民币汇率波动幅度处于一个较低水平时，汇率波动幅度越小，汇率变动对消费者价格的传递效应越大。

（3）当人民币汇率波动幅度处于一个较高水平时，汇率波动幅度越大，汇率传递对消费者价格的传递效应越大。

5.7.4　汇率波幅对三种价格的传递效应

综合上述人民币汇率变动对三种价格的传递效应的结果可知：

（1）当人民币汇率波动幅度在一个较小的范围内时，汇率波动幅度越小，对价格的传递效应越大。而当汇率波动幅度超过这个范围时，汇率波动幅度越大，对价格的传递效应越大。

（2）对于进口价格和消费者价格而言，当汇率的波动幅度接近门限值时，汇率传递的方向发生了改变。而对于生产者价格而言，汇率传递方向没有发生改变。

产生这个结果可能有以下两个原因：

首先，本书中所采用的中国进口商品价格指数是以外币美元计价的，如果进口商品以外国货币计价，则当汇率波动幅度较小时，由于菜单成本的存在，外国厂商并不会调整出口价格，因此其实际收到的价格并不会发生变化，但是由于汇率发生改变，则这种改变会完全影响到进口国商品的价格，此时汇率传递是完全的。而当汇率波动幅度较大时，外国厂商会调整出口价格，这会抵消一部分进口价格的变化，从而降低汇率传递的效果。因此，当汇率波幅较小时，汇率的传递效应更大。

其次，价格刚性的存在也影响了厂商的定价决策。当汇率波幅小于临界值时，外国厂商一般不会迅速改变商品价格，而是存在价格刚性，只有当汇率的变动累积到一定程度时，外国厂商才会重新设定价格。因此，当汇率波幅超过临界值时，价格刚性的作用使得汇率波幅越大，汇率的传递效应越大。

第6章　基于时间角度的实证研究

6.1　计量模型简介

国外不少学者均从时间的角度对汇率传递进行了实证分析，主要是从不同时间周期和结构性变化两个方面进行了检验。国内也有一部分学者通过检验不同时间周期内的汇率传递效应来证实基于时间周期的汇率的非对称传递效应。如谢博婕、西村友作和门明（2013）采用ARDL模型发现人民币汇率传递的短期效应和长期效应不同，存在非对称性。贾凯威（2016）同样也采用了ARDL模型发现人民币汇率传递在短期和长期均存在非对称性。另一部分国内学者则通过检验不同时间节点前后的汇率传递效应发现了汇率传递的结构性变化。如叶茂升和肖德（2011）运用协整及误差修正模型检验了汇改前后人民币升值对我国输美纺织品价格的传递效应，实证表明汇改前的传递效应不显著，而汇改后这种传递效应变得显著了。谢博婕、西村友作和门明（2013）也考察了汇改前后人民币汇率变动对PPI和CPI的影响，通过加入汇改的虚拟变量，采用ARDL模型发现汇改前和汇改后人民币汇率传递的非对称性。贾凯威（2014）则发现在不同样本周期，汇率传递不对称。

上述研究所使用的模型多为传统的非线性模型，但无法从时域和频域的角度系统分析时间变化对宏观经济变量的影响。国外已经有许多文献开始运用小波分析手段来研究宏观经济变量之间的关系。其中一个分析流派运用基于小波相关系数（小波相干被用来度量时频空间中和局部相关的程度）和相位差的连续小波变换（continuous wavelet transform，CWT）来分析宏观经济变量之间的共整合关系；另一个流派则是运用了基于极大交迭离散小波变换（maximal overlap discrete wavelet transform，MODWT）的多重解析度分析来重新检验一些经济实证中已经被发现的关系。例如，根塞、塞尔丘克和惠彻（Gençay，Selçuk and Whitcher，2001；2002）将小波分析用于检验资本资产定价模型（CAPM）中的系统性风险，并证明小波分析的好处在于可以评估汇率波动的时间尺度的变化。拉姆齐和兰帕特（Ramse and Lampart，1998a；1998b）的研究发现在一定的时间尺度下支出与收入之间，以及货币与收入之间的关系惊人的复杂，他们进一步检查这些数据发现一个有趣的和潜在的结论，即经济变量之间在时间尺度上的具有某种关系的性质。在拉姆齐和兰帕特文献中的图形显示，在某些尺度下支出与收入以及货币与收入之间的关系随时间而变化，假设存在两个系列的波峰匹配波峰，波谷匹配波谷的情形，如果波峰和波谷之间的时差保持不变，则会产生一个固定的“滞后期”。在经济学中，一般假设如果两个变量之间存在滞后，那么这个滞后期是固定的。而拉姆塞（Ramsey，2002）指出这种滞后在某些尺度是时间的函数，并有可能是状态空间的函数。这个结果就使得人们开始发掘在时间尺度上存在时滞的原因。

通常来说能够在时间和频率上处理时间序列数据的方法主要有傅立叶变换（fourier transformation）和小波变换（wavelet transformation）。傅立叶变换是在 19 世纪 20 年代由法国数学物理学家傅里叶提出的，它将时间序列分解为一系列不同频率的正弦波的叠加，因而该变换在时间频率上具有良好的局部化性质。但它无法甄别时间序列在某个局部频率范围内的结构性突变，且对时间序列的平稳性有较高要求。然而在实际分析中时间序列往往具有很强的非平稳性。加博尔（Gabor，1946）通过在傅立叶变换中加入短期的时频，从而克服了时间序列的非平稳性，但它还是无法克服时域局部化所提供的信息不足的问题。

20 世纪 80 年代中期，小波变换在克服傅立叶变换不足的基础上得以产生。小波这一概念最早并不是在经济学上使用的，而是 1984 年由法国地球物理学家莫雷特（Morlet J. B.）为了分析地震数据提出的。自提出之后，小波变换不仅在数学理论界和计算工程界得到广泛的关注，而且被应用于更多的领域，特别是经济金融领域。

所谓小波，即指范围较小，长度有限，均值为零的一种波形。最主要有两个特点：首先是“小”，也就是时间领域内的紧支撑性；其次是“波动性”，震荡形式是振幅正负依次变换的。小波变换不仅能将不同频率的波动和不同长度的时间窗口结合起来进行分析，也能更好地甄别时间序列，尤其是非平稳时间序列中的结构性转变。与傅立叶变换相比，它在处理非平稳时间序列和反映时域局部化信息方面体现出很大的优势。

国内也有部分学者将小波分析技术应用到汇率的相关研究。熊正德、文慧和凌语蓉（2013）利用小波分辨率方法考察了 2005 年汇改后的外汇市场和以大豆期货市场为例的农产品期货市场的联动性。郝伟伟（2013）则运用了非线性协整、多分辨协整以及小波神经网络等方法对汇率传递效应进行了分析，实证结果表明汇率对国内物价的传导存在非线性，不同尺度上的传导强度也存在显著差异。但遗憾的是，他们的研究要么不是分析汇率对价格的传递效应的文献，要么只单独分析了汇率对 CPI 的传递效应。到目前为止，运用小波相关性分析方法，从时间维度全面地研究人民币汇率对价格的直接传递效应和间接传递效应的文献尚不多见。

本书将小波分析的分析方法从时间维度，应用于汇率对价格的直接传递和间接传递的非对称效应的研究上。在研究方法方面，本书通过分别估计汇率与进口价格、生产者价格以及消费者价格之间的小波功率谱、小波相干以及相位差，从而解释汇率在多大程度上可以影响进口价格和国内价格，以及这种关系在短期和长期是否一致，在时间维度上是否存在非对称传递。从而为中国近 20 年来的汇率变动与价格变动之间的关系提供较为全面的回顾、分析和判断。

6.2 小波分析模型

所谓小波变换，是指将初始时间序列分解为一系列特定的母小波

(mother wavelet)，并对经过位置平移和尺度伸缩后得到基小波（basis wavelet）进行叠加，从而获得一个时—频（time-frequency）的二维平面，这样在时域（time domain），即时间尺度和频域（frequency domain），即频率尺度上初始时间序列中所看不到的信息就能显示出来。

小波变换可以分为两类，一类是离散小波变换，另一类是连续小波变换。其中，连续小波变换更适合于信号特征的提取（Grinsted，Moore and Jevrejeva，2004），在经济和金融领域也运用得较多，因而这里我们着重介绍连续小波变换。

给定初始时间序列的复共轭 $x(t)$，其连续小波变换可用下列方程来表达：

$$W_x(\tau,\ s) = \int_{-\infty}^{+\infty} x(t)\psi_{\tau,s}^{*}(t)dt \tag{6.1}$$

此处 * 表示复共轭，即 $\psi_{\tau,s}^{*}(t)$ 是 $\psi_{\tau,s}(t)$ 函数的复共轭函数，而 $\psi_{\tau,s}(t)$ 为基小波函数。通过式（6.1）可以看出，基小波函数是由母小波函数 $\psi(t)$ 进行伸缩和平移后得到的一组函数序列 $\psi_{\tau,s}(t)$。若用 $\psi(t)$ 来表示母小波函数，那么基小波函数 $\psi_{\tau,s}(t)$ 和母小波函数 $\psi(t)$ 之间的关系式可以表达为：

$$\psi_{\tau,s}(t) = \frac{1}{\sqrt{s}}\psi\left(\frac{t-\tau}{s}\right) \tag{6.2}$$

这里，τ 被称为平移参数（location or translation parameter），用来反映母小波在位置上平移的幅度；s 被称为尺度参数（scaling or dilation parameter），用来反映母小波伸缩的程度；$1/\sqrt{s}$是频段能量归一化因子（frequency power nomailize factor），用来反映一定程度上频率的高低；s 的不同取值会衍生出不同的母小波函数，当 $s<1$ 时，代表了窄的母小波（narrow mother wavelet）；当 $s>1$ 时，代表了宽的母小波（wide mother wavelet）。

窄的母小波能较好地捕捉时间序列中持续时间较短的高频部分，宽的母小波则能够较好地捕捉时间序列中持续时间较长的低频部分。不同的 τ 的取值会产生出不同的窗口位置。由于 s 和 τ 都是连续变化的值，所以我们将 $\psi(t)$ 定义为连续母小波函数，将 $\psi_{\tau,s}(t)$ 定义为连续基小波函数，将 $W_x(\tau,\ s)$ 定义为连续小波变换函数。

母小波函数 $\psi(t)$，作为小波变换的母本，是一种很特殊的波形：第一，母小波函数的均值为零，即 $\int_{-\infty}^{+\infty}\psi(t)dt=0$，这代表其具有正负交替的“波动性”，并且只可能在局部区域取值为非零；第二，母小波函数的平方和积分等于1，即 $\int_{-\infty}^{+\infty}\psi^2(t)dt=1$，这就说明母小波具有有限的长度；第三，母小波函数必须满足容许性条件（admissibility condition），只有母小波满足如式（6.3）中所列出的容许性条件，连续小波变换的逆变换才得以存在。

$$0<C_{\psi}=\int_{0}^{+\infty}\frac{|\hat{\psi}(\omega)|^2}{\omega}d\omega<+\infty \tag{6.3}$$

式（6.3）中，$\hat{\psi}(\omega)$ 是母小波函数 $\psi(t)$ 的傅立叶变换，即：

$$\hat{\psi}(\omega)=\int_{-\infty}^{+\infty}\psi(t)e^{-i\omega\tau}dt \tag{6.4}$$

6.2.1 连续小波变换

在连续小波变换中频率和时间的均值均为零。连续小波变换的主要优势在于它可以通过局部连续小波变换将时间序列在时间（Δt）和频率（$\Delta\omega$）上的特征表现出来。根据海森堡测不准原理，连续小波变换在时间局部化和频率局部化间进行选择。本书将谨慎的定义 Δt 和 $\Delta\omega$，这是因为 $\Delta t\cdot\Delta\omega$ 的不确定性乘积可能存在一个最小极限值。通常用于连续小波变换的母小波函数是Morlet小波，其一般被定义为：

$$\psi_{\omega_0}(t)=\pi^{-1/4}(e^{i\omega_0 t}-e^{-\omega_0^2/2})e^{-t^2/2} \tag{6.5}$$

在式（6.5）中，$\pi^{-1/4}$是Morlet小波的单位能量系数；$e^{-\omega_0^2/2}$则保证Morlet小波可以满足方程（6.3）所示的容许性条件，当 $\omega_0>5$ 时，该部分可以被省略。

此时，Morlet小波函数可简化为以下形式：

$$\psi(t)=\pi^{-1/4}e^{i\omega_0 t}e^{-t^2/2} \tag{6.6}$$

在式（6.5）和式（6.6）中，ω_0 均代表波的数目，用来衡量高斯（Gauss）包络线内波动的次数。当 ω_0 较大时，母小波函数在时域的局部化性质较差；而当 ω_0 较小时，母小波函数在频域的局部化性质较差。因而通常将 ω_0 赋值为6，这样才能够保证母小波函数在时域和频域上均具有较好的局部化性质。

由于母小波函数是复值函数，所以小波变换函数也为复值函数，由此便可根据小波变换函数的实值部分和虚值部分，分别计算出母小波的振幅和相位，从而发现时间序列之间的波动性关系。

6.2.2　小波功率谱

时间序列 $x(t)$ 的小波功率谱可以定义为连续小波变换函数的模的平方，即 $|W_x(\tau, s)|^2$，也称之为小波自功率谱。它可以反映 $x(t)$ 在时域和频域组合下的波动性，如式（6.7）所示：

$$\sigma_X^2 = \frac{1}{C_\psi}\int_0^{+\infty}\int_{-\infty}^{+\infty} |W_x(\tau,s)|^2 \frac{d\tau ds}{s^2} \tag{6.7}$$

赫金斯弗里厄和迈耶（Hudgins，Friehe and Mayer，1993）首次将时间序列 $x(t)$ 和 $y(t)$ 的交叉小波变换（cross - wavelet transform）定义为 $W_{xy}(\tau, s) = W_x(\tau, s)W_y^*(\tau, s)$，它们的交叉小波功率谱（cross - wavelet power spectrum）也被相应地定义为 $|W_{x,y}(\tau, s)|^2 = |W_x(\tau, s)|^2|W_y^*(\tau, s)|^2$，交叉小波功率谱可以用于反映时间序列 $x(t)$ 和 $y(t)$ 之间在时域和频域组合下的局部联动性。

6.2.3　小波相关系数

为了更深入和直观地讨论人民币汇率变动与中国进口价格、生产者价格以及消费者价格变动之间的相关性大小，本书引入了小波相关系数。小波相关系数是在小波功率谱的基础上，进一步利用时间序列 $x(t)$ 和 $y(t)$ 的交叉小波功率谱与它们二者的小波自功率谱之间的比值而得到的，以更直观地衡量 $x(t)$ 和 $y(t)$ 之间在时域和频域组合下的局部相关性，即所谓的小波相关系数。由于后文中的实证分析部分要用到小波相关系数的平方形式，即 $R_n^2(s)$，因而本书接下来将重点介绍 $R_n^2(s)$ 的表达式。如式（6.8）所示：

$$R^2(\tau, s) = \frac{|S(s^{-1}W_{xy}(\tau, s))|^2}{S(s^{-1}|W_x(\tau, s)|^2)S(s^{-1}|W_y(\tau, x)|^2)} \tag{6.8}$$

在这里，S 是对时间频率进行正态化处理的平滑因子。$R^2(\tau, s) \in [0, 1]$；当 $R^2(\tau, s) = 0$ 时，$x(t)$ 和 $y(t)$ 之间是完全无关的；当 $R^2(\tau, s) = 1$ 时，

$x(t)$ 和 $y(t)$ 之间是完全相关的。如图 6－1（a）和图 6－2（a）所示，$R^2(\tau, s)$ 通过深浅刻度条的形式直观地反映出来，颜色由红到蓝，依次对应着进口价格指数、生产者价格指数以及消费者价格指数的变动与汇率变动之间的相关系数由大到小。

由于实际时间序列的小波自功率谱通常渐进地服从自由度为 2 的卡方分布（记为χ_2^2 分布），因此托伦斯和康波（Torrence and Compo，1998）将 $x(t)$和 $y(t)$ 的交叉小波功率分布（cross-wavelet distribution）给出了以下表达式：

$$D\left(\frac{|W_x(\tau, s)W_y^*(\tau, s)|}{\sigma_x\sigma_y} < p\right) = \frac{Z_2(p)}{2}\sqrt{p_f^x p_f^y} \tag{6.9}$$

在式（6.9）中，$|W_x(\tau, s)W_y^*(\tau, s)|$是 $x(t)$ 和 $y(t)$ 的交叉小波功率；σ_x 和 σ_y 分别是 $x(t)$ 和 $y(t)$ 的标准差；p_f^x 和 p_f^y 分别是 $x(t)$ 和 $y(t)$ 经过傅里叶变换后服从卡方分布的红噪声标准（red noise）。而 $Z_2(p)$ 则是概率密度函数 $\sqrt{p_f^x p_f^y}$中，概率 p 的置信水平。托伦斯和康波（1998），丹尼斯克、摩尔和杰夫雷瓦（Grinsted，Moore and Jevrejeva，2004）的研究共同给出了在 95% 的显著性水平下的 $Z_2(p)$值，即 $Z_2(95\%) = 3.999$。因此，本书可以通过下述虚拟假设和备择假设来检验交叉小波功率谱的显著性。

$$H_0: \left[\frac{|W_x(\tau, s)W_y^*(\tau, s)|}{\sigma_x\sigma_y}\right] \leqslant \frac{3.999}{2}\sqrt{p_f^x p_f^y} \tag{6.10}$$

$$H_1: \left[\frac{|W_x(\tau, s)W_y^*(\tau, s)|}{\sigma_x\sigma_y}\right] > \frac{3.999}{2}\sqrt{p_f^x p_f^y} \tag{6.11}$$

当虚拟假设 H_0 被拒绝时，备择假设 H_1 被接受，那么我们就可以认为时间序列 $x(t)$ 和 $y(t)$ 通过了显著性水平为 5% 的红噪声标准谱检验，即 $x(t)$和 $y(t)$ 之间是显著相关的。

如图 6－1（a）部分所示，图中深色区域的“岛屿”即表示特定时频下汇率的变动和价格变动之间的相关系数是显著相关的，即二者之间的相关系数通过了显著性水平为 5% 的红噪声标准谱检验。

6.2.4 相位差

布洛姆菲尔德等（Bloomfield et al.，2004）还发现时间序列 $x(t)$ 和

$y(t)$之间相位差（phase difference）可以用来反映两个时间序列之间在特定时域和频域下的领先—滞后关系。相位差可以定义为交叉小波功率 $W_{xy}(\tau, s)$ 的虚数部分 I 和实数部分$\Re$ 的比值，如式（6.12）所示：

$$\varphi(\tau, s) = \tan^{-1}\left(\frac{\Im(W_{xy}(\tau, s))}{\Re(W_{xy}(\tau, s))}\right) \tag{6.12}$$

其中，$\varphi(\tau, s)$ 的取值在 $[-\pi, \pi]$ 之间。在特定频率下，当 $\varphi(\tau, s)=0$ 时，即表示 $x(t)$ 和 $y(t)$ 完全正相关；当 $\varphi(\tau, s)=\pi$ 时，即表示 $x(t)$ 和 $y(t)$ 完全负相关；当 $\varphi(\tau, s)\in\left(0, \frac{\pi}{2}\right)$，则 $x(t)$ 和 $y(t)$ 正相关，且 $x(t)$领先 $y(t)$，或者说 $y(t)$ 滞后于 $x(t)$；当 $\varphi(\tau, s)\in\left(\frac{\pi}{2}, \pi\right)$，则 $x(t)$ 和 $y(t)$ 负相关，且 $y(t)$ 领先于 $x(t)$；当 $\varphi(\tau, s)\in\left(-\frac{\pi}{2}, 0\right)$，则 $x(t)$ 和 $y(t)$ 正相关，且 $y(t)$ 领先于 $x(t)$；当 $\varphi(\tau, s)\in\left(-\pi, -\frac{\pi}{2}\right)$，则 $x(t)$ 和 $y(t)$ 负相关，且 $x(t)$ 领先 $y(t)$，或者说 $y(t)$ 滞后于 $x(t)$。

6.3　小波分析实证结果

本节的实证检验是基于前面所介绍的连续小波变换、交叉小波功率谱、小波相关系数以及相位差等小波分析工具，运用 Matlab 软件中康拉里亚和索尔斯（Aguiar－Conraria and Soares，2011）所提供的小波工具包，对人民币汇率波动对价格的直接传递和间接传递效应进行了小波相关性分析和相位差分析。

根据式（6.1）~式（6.12），本章建立起了人民币名义汇率和价格之间的关系式。本书还是根据第 4 章中的变量设置，选取人民币名义有效汇率（*NEER*）作为汇率指标，选取中国进口价格指数（*IPI*）作为进口价格指标，中国生产者价格指数（*PPI*）作为国内生产者价格指标，以及中国消费者价格指数（*CPI*）作为国内消费者价格指标。各指标选取的时间范围仍然为 1996 年 10 月 ~2015 年 12 月。由于本章研究的是不同周期内汇率变动对进口价格、生产者价格和消费者价格变动的不同影响，因此将 *DNEER* 设置为解释变量，将 *DIPI*、*DPPI* 和 *DCPI* 分别设置为被解释变量，其中

$$DNEER = \Delta NEER,$$

$$DIPI = \Delta IPI,$$

$$DPPI = \Delta PPI,$$

$$DCPI = \Delta CPI。$$

在小波相关系数和相位差的结果图中，图 6－1（a）表示小波相关系数。在图 6－1（a）中黑色线条圈闭的“岛屿”表示在特定时间维度和频率维度下，汇率变动分别与进口价格的变动、生产者价格的变动以及消费者价格指数的变动之间在 5% 的显著性水平下显著相关。两条对称黑线以外的区域叫做“锥形影响域”（cone of influence，COI），在该区域内表示二者之间的相关系数容易受到边缘效应的影响。在这个图形中颜色代表相关系数，“岛屿”内颜色越浅代表相关系数越大，颜色越深代表相关系数越小。

在小波相关系数和相位差的结果图中，图 6－1（b）表示相位差。其中图 6－1（b. 1）表示二者之间在 1～2 年时间段内的相位差，图 6－1（b. 2）表示 2～4 年时间段内的相位差，图 6－1（b. 3）表示 4～8 年时间段内的相位差，图 6－1（b. 4）表示 8～12 年时间段内的相位差。为了更细致地观察人民币汇率变动和三种价格变动之间的长短期关系，本书将“短期”定义为 1～2 年的时间段，“中期”定义为 2～4 年的时间段，将 4～8 年的时间段定义为“中长期”，将 8～12 年的时间段定义为“长期”。图 6－1（b. 1）～图 6－1（b. 4）为 φ 值曲线，它的取值在 $[-\pi, \pi]$ 之间。在特定频率下，当 $\varphi=0$ 时，即表示 x 和 y 完全正相关。当 $\varphi=\pi$ 时，即表示 x 和 y 完全负相关。当 $\varphi \in \left(-\pi, -\frac{\pi}{2}\right)$，则 x 和 y 负相关，且 x 领先 y，或者 y 滞后于 x。当 $\varphi \in \left(-\frac{\pi}{2}, 0\right)$，则 x 和 y 正相关，且 y 领先于 x。当 $\varphi \in \left(0, \frac{\pi}{2}\right)$，则 x 和 y 正相关，且 x 领先 y，或者 y 滞后于 x。当 $\varphi \in \left(\frac{\pi}{2}, \pi\right)$，则 x 和 y 负相关，且 y 领先于 x。

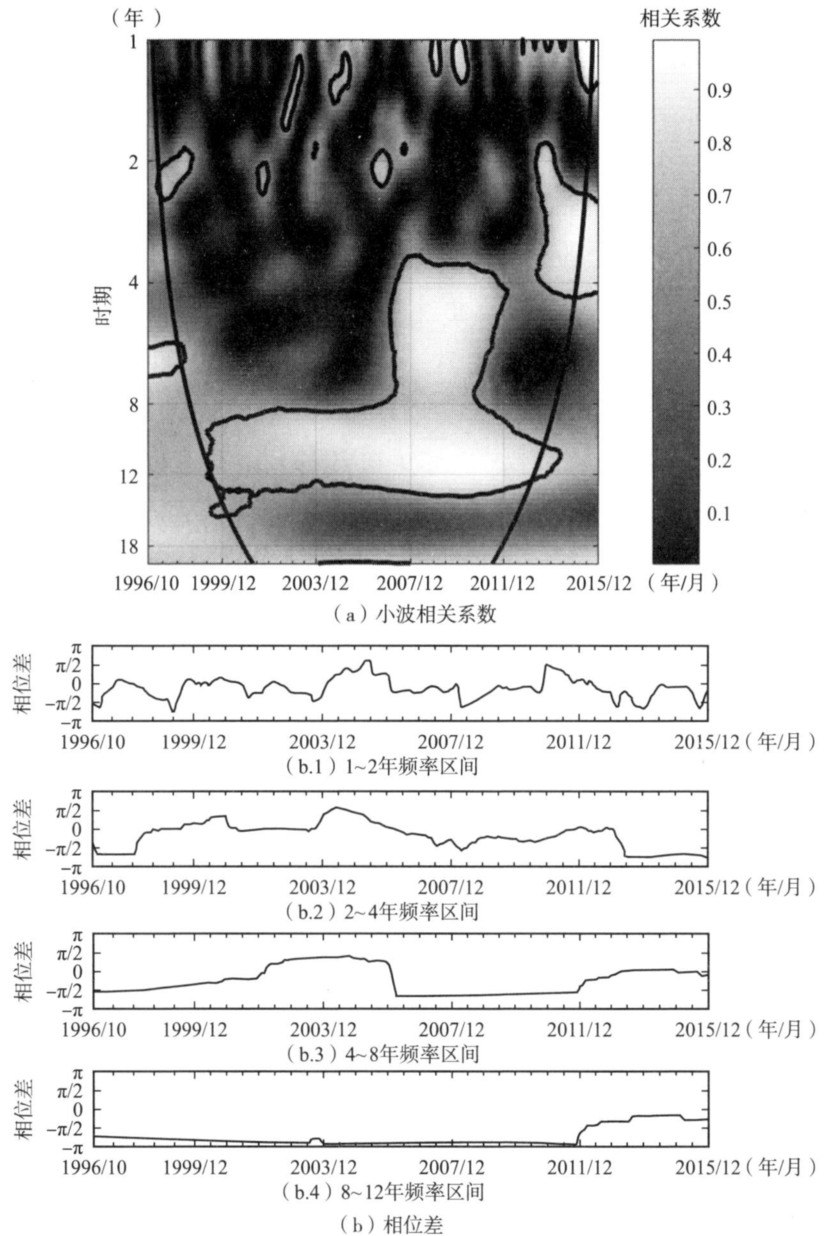

（a）小波相关系数

（b.1）1~2年频率区间

（b.2）2~4年频率区间

（b.3）4~8年频率区间

（b.4）8~12年频率区间

（b）相位差

图 6－1　*DIPI* 与 *DNEER* 的小波相关系数和相位差

注：图中数据的时间区间为 1996 年 11 月 ~2015 年 12 月，这是因为在本章中各变量为差分变量，自由度减少了 1 个。出于图形美观和全书一致性的考虑，时间轴的起点依然为 1996 年 10 月，该月份数据设为 0。时间轴的刻度分为两部分：1996 年 10 月 ~1999 年 12 月的主要刻度区间为 3 年零 2 个月，次要刻度区间为 7. 6 个月；而 1999 年 12 月 ~2015 年 12 月的主要刻度区间为 4 年，次要刻度区间为 6 个月。

6.3.1 汇率变动与进口价格指数变动之间的关系

第一，我们来看在1~2年的“短期”内，汇率变动（*DNEER*）与进口价格指数变动（*DIPI*）之间的关系。从图6-1（a）我们可以看到，只有在1997年7月~1998年9月、2002年7月~2003年6月、2004年6月~2005年6月、2006年6月~2007年4月、2008年10月~2009年5月、2009年8月~2010年6月、2013年1月~2013年12月以及2014年9月~2015年8月有黑线圈闭的“岛屿”区域①，这说明在1~2年的短期内，只有在这些区域内汇率变动才与进口价格指数变动具有相关性。从图6-1（b.1）我们可以看到，在上述这些时间段内，除了在2004年6月~2005年6月期间 $\varphi \in \left(0, \frac{\pi}{2}\right)$，此时 *DNEER* 与 *DIPI* 显著正相关，且 *DNEER* 领先 *DIPI*②，此时汇率变动是引起进口价格指数短期变动的重要原因，这说明在这一时期汇率传递效应是显著的。而在其他时间段如1997年7月~1998年9月、2002年7月~2003年6月、2006年6月~2007年4月、2008年10月~2009年5月、2009年8月~2010年6月、2013年1月~2013年12月以及2014年9月~2015年8月有黑线圈闭的“岛屿”区域的 $\varphi \in \left(-\frac{\pi}{2}, 0\right)$，此时 *DNEER* 与 *DIPI* 依然显著正相关，然而 *DNEER* 滞后于 *DIPI*，此时汇率变动不是引起进口价格指数短期变动的原因，这说明在这些时期汇率对进口价格不存在传递效应。由于在1~2年的频率下，黑线圈闭的“岛屿”颜色偏灰色，即代表相关系数较小，故而该区域汇率变动与进口价格变动之间的关系较复杂。因此，在1~2年的“短期”内汇率传递效应大部分时间都不显著，只在2004年6月~2005年6月的1年间汇率变动对进口价格的传递为正。这个结果与本书第4章中的结论类似，在第4章中，本书得出短期内汇

---

① 首先，观察纵轴1~2年的时期内的“岛屿”，在时期为2年的位置画一条水平轴，找出纵轴为1~2年时期内的两条水平轴中间有黑线圈闭的“岛屿”区域。其次，找出每个“岛屿”对应的横轴上的时间坐标。

② 根据前面的定义，当 $\varphi \in \left(0, \frac{\pi}{2}\right)$，则 x 和 y 正相关，且 x 领先 y。在此时，x 为 *DNEER*，y 为 *DIPI*。

率变动对进口价格变动的传递效应在短期内并不显著，本章采用小波分析更进一步分析了时间长度为 1 ~ 2 年的“短期”，结论依旧是汇率传递在短期内效应不显著。

第二，我们继续看在 2 ~ 4 年的“中期”内，汇率变动（*DNEER*）与进口价格指数变动（*DIPI*）之间的关系。从图 6 – 1（a）我们可以看到，黑线圈闭的“岛屿”有 1997 年 4 月 ~ 1998 年 9 月、2001 年 6 月 ~ 2002 年 1 月、2006 年 6 月 ~ 2007 年 4 月、2007 年 4 月 ~ 2011 年 7 月以及 2013 年 1 月 ~ 2015 年 4 月。然而从图 6 – 1（b.2）中我们可以看出，在 1997 年 4 月 ~ 1998 年 3 月以及 2013 年 2 月 ~ 2015 年 4 月期间，$\varphi \in \left(-\pi, -\frac{\pi}{2}\right)$，此时 *DNEER* 和 *DIPI* 显著负相关，然而这两个区域均受边缘效应影响较大，故不将这两个区域划作讨论范围内。在其他时期如 1998 年 4 月 ~ 1998 年 9 月、2001 年 6 月 ~ 2002 年 1 月、2006 年 6 月 ~ 2007 年 4 月以及 2007 年 4 月 ~ 2011 年 7 月时，$\varphi \in \left(-\frac{\pi}{2}, 0\right)$，此时 *DNEER* 与 *DIPI* 显著正相关，然而 *DNEER* 滞后于 *DIPI*，此时汇率变动不是引起进口价格指数中期变动的原因，这说明在这些时期汇率对价格的传递效应不显著。因此，在 2 ~ 4 年的“中期”内，样本期内的汇率变动都不是引起进口价格指数变动的原因，这说明汇率变动对进口价格的中期传递效应不显著，即是说 1 ~ 4 年的时间段内的中短期，汇率对进口价格的传递效应均不显著。

第三，我们看 4 ~ 8 年的“中长期”内，汇率变动（*DNEER*）与进口价格指数变动（*DIPI*）之间的关系。从图 6 – 1（a）我们可以看到，黑线圈闭的“岛屿”只有 2006 年 11 月 ~ 2012 年 1 月和 2013 年 6 月 ~ 2014 年 9 月。从图 6 – 1（b.3）中我们可以看出，在 2006 年 11 月 ~ 2012 年 1 月期间，$\varphi \in \left(-\pi, -\frac{\pi}{2}\right)$，此时 *DNEER* 和 *DIPI* 显著负相关，此时 *DNEER* 领先 *DIPI*，此时汇率变动是引起进口价格指数中长期变动的重要原因。在 2013 年 6 月 ~ 2014 年 9 月期间，$\varphi \in \left(-\frac{\pi}{2}, 0\right)$，此时 *DNEER* 与 *DIPI* 显著正相关，然而该区域受边缘效应影响较大，因此不做讨论。因此，在 4 ~ 8 年的“中长期”内，汇率变动与进口价格指数变动负相关，且汇率变动是引起进口价格指数中长期变动的重要原因。这说明在2006年11月~2012年1月的期间内，汇率变动对进口价格的中长期传递效应是显著的，且为负向传递。

第四，我们看8~12年的“长期”内，汇率变动（*DNEER*）与进口价格指数变动（*DIPI*）之间的关系。从图6-1（a）我们可以看到，黑线圈闭的“岛屿”只有1999年6月~2013年10月。从图6.1（b.4）可以看出从1999年6月~2012年1月，$\varphi \in \left(-\pi, -\frac{\pi}{2}\right)$，此时*DNEER*和*DIPI*显著负相关，此时*DNEER*领先*DIPI*，汇率变动是引起进口价格指数长期变动的重要原因。而在2012年2月~2013年10月期间，$\varphi \in \left(-\frac{\pi}{2}, 0\right)$，此时*DNEER*与*DIPI*显著正相关，然而*DNEER*滞后于*DIPI*，然而由于此区间接近于黑线和*COI*区域，因此较容易受边缘效应的影响。因此，在8~12年的“长期”内，汇率变动与进口价格指数负相关，且汇率变动是引起进口价格指数长期变动的重要原因。这说明在1999年6月~2012年1月期间，汇率变动对进口价格的长期传递效应显著，且为负向传递。

因此，综上所述，在1~2年的短期和2~4年的中期内，汇率变动对进口价格的传递效应基本不显著，只有在2004年6月~2005年6月期间的1~2年短期汇率传递系数显著为正。然而放到4~8年的中长期和8~12年的长期来看，这两者的关系为显著的负相关关系，此时汇率变动是引起进口价格长期变动的原因，并且汇率传递为负传递，这与传统观点是一致的。因此，从短期、中期、中长期和长期的分析来看，短期、中期汇率变动对进口价格的影响与中长期、长期的传递效应不同，这说明了在不同时间维度下，汇率变动对进口价格的传递效应具有非对称性。

在这里，实证结果显示4~12年的中长期和长期的汇率传递为负，与第4章中汇率传递系数为正的结果不一致。导致这个差别的原因可能是由于在NARDL模型中计算出的*ERPT*系数是平均系数，而用小波分析计算出的是动态系数，在4~12年的动态系数中，有很大一部分确实为正，只是由于处在“岛屿”边缘，因此没有被纳入考虑范围。结合第4章的结论，应该将边缘系数也纳入动态系数的考察范围，这样的话中长期和长期的传递系数则有正有负，其平均效应为正。

从上述的结论分析来看，在短期和中期基本不存在汇率传递效应，而到了中长期之后汇率传递效应就显著了，也说明汇率传递效应在时间上存在滞后期。从前面的分析可以看出，汇率传递效应存在不小于 4 年的滞后期，汇率变动从 1999 年 6 月起在中长期和长期开始成为引起进口价格变动的重要原因，而这距离 1994 年的汇率制度改革相隔了 5 年，也说明了汇率变动对进口价格指数变动的影响存在滞后效应。

6.3.2　汇率变动与生产者价格指数变动之间的关系

第一，我们来看在 1 ~ 2 年的“短期”内，汇率变动（*DNEER*）与生产者价格指数变动（*DPPI*）之间的关系。从图 6 – 2（a）我们可以看到，只有在 1997 年 9 月 ~ 1998 年 1 月、1998 年 9 月 ~ 1999 年 5 月、2002 年 3 月 ~ 2003 年 8 月、2004 年 1 月 ~ 2005 年 6 月、2006 年 5 月 ~ 9 月、2006 年 11 月 ~ 2008 年 2 月以及 2009 年 12 月 ~ 2014 年 7 月有黑线圈闭的“岛屿”区域，这即是说明在 1 ~ 2 年的短期内，只有在这些区域内汇率变动才与生产者价格指数变动具有相关性。从图 6 – 2（b. 1）我们可以看到，在上述这些时间段内，除了在 1998 年 9 月 ~ 1999 年 3 月、2004 年 1 月 ~ 2005 年 6 月、2011 年 2 月 ~ 2011 年 6 月和 2013 年 3 月 ~ 2013 年 12 月期间，$\varphi \in \left(0, \frac{\pi}{2}\right)$，此时 *DNEER* 与 *DPPI* 显著正相关，且 *DNEER* 领先 *DPPI*，此时汇率变动是引起生产者价格指数短期变动的重要原因。而在其他时间段如 1997 年 9 月 ~ 1998 年 1 月、2002 年 3 月 ~ 2003 年 8 月、2009 年 12 月 ~ 2011 年 1 月、2011 年 7 月 ~ 2013 年 2 月和 2014 年 1 月 ~ 2014 年 7 月有黑线圈闭的“岛屿”区域的 $\varphi \in \left(-\frac{\pi}{2}, 0\right)$，此时 *DNEER* 与 *DPPI* 依然显著正相关，然而 *DNEER* 滞后于 *DPPI*，此时汇率变动不是引起生产者价格指数短期变动的原因。由于在 1 ~ 2 年的频率下，黑线圈闭的“岛屿”大多数处于上边缘，边缘效应较大，而不处于上边缘的“岛屿”颜色偏灰色，相关系数较小。因此，在 1 ~ 2 年的“短期”内，汇率变动与生产者价格指数的变动关系较复杂，汇率传递的短期效应基本不显著，只有 1998 年 9 月 ~ 1999 年 3 月、2004 年 1 月 ~ 2005 年 6 月、2011 年 2 月 ~ 2011 年 6 月和 2013 年 3 月 ~ 2013 年 12 月的几个月份存在显著的正传递效应。

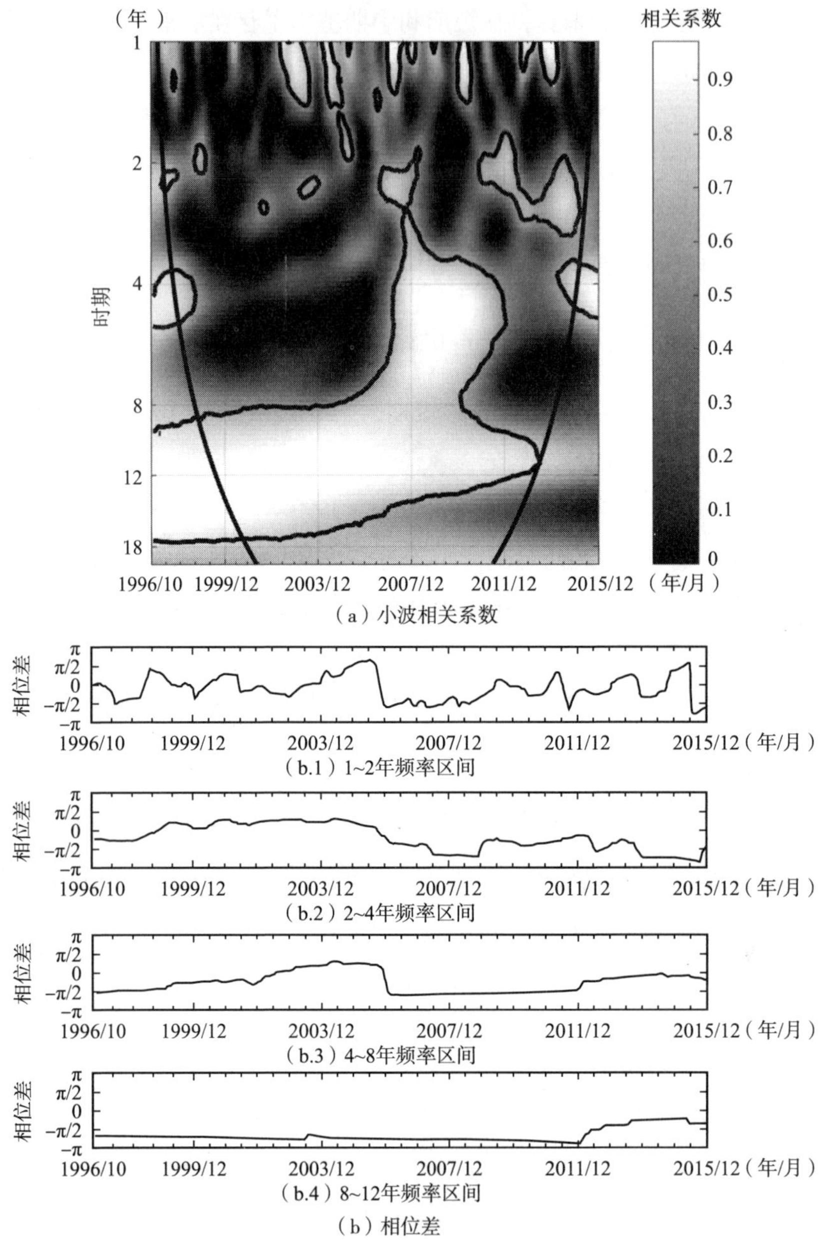

（a）小波相关系数

（b.1）1~2年频率区间

（b.2）2~4年频率区间

（b.3）4~8年频率区间

（b.4）8~12年频率区间

（b）相位差

图 6－2　*DPPI* 与 *DNEER* 的小波相关系数和相位差

注：图中数据的时间区间为 1996 年 11 月 ~2015 年 12 月，这是因为在本章中各变量为差分变量，自由度减少了 1 个。出于图形美观和全书一致性的考虑，时间轴的起点依然为 1996 年 10 月，该月份数据设为 0。时间轴的刻度分为两部分：1996 年 10 月 ~1999 年 12 月的主要刻度区间为 3 年零 2 个月，次要刻度区间为 7.6 个月；而 1999 年 12 月 ~2015 年 12 月的主要刻度区间为 4 年，次要刻度区间为 6 个月。

第二，我们继续看在 2 ~4 年的“中期”内，汇率变动（*DNEER*）与生产者价格指数变动（*DPPI*）之间的关系。从图 6 –2（a）我们可以看到，黑线圈闭的“岛屿”有 1997 年 6 月 ~1998 年 5 月、1998 年 9 月 ~1999 年 5 月、2001 年 6 月 ~2001 年 11 月、2003 年 1 月 ~2004 年 1 月以及 2006 年 6 月 ~2015 年 3 月。然而从图 6 –2（b. 2）中我们可以看出，在 1998 年 9 月 ~1999 年 5 月、2001 年 6 月 ~2001 年 11 月、2003 年 1 月 ~2004 年 1 月时期，$\varphi \in \left(0, \frac{\pi}{2}\right)$，此时 *DNEER* 与 *DPPI* 显著正相关，且 *DNEER* 领先 *DPPI*，此时汇率变动是引起生产者价格指数中期变动的重要原因，这说明在这些时期汇率传递效应显著，并且为正向传递效应。在 2007 年 4 月 ~2008 年 12 月以及 2013 年 9 月 ~2015 年 12 月期间，$\varphi \in \left(-\pi, -\frac{\pi}{2}\right)$，此时 *DNEER* 和 *DPPI* 显著负相关，且 *DNEER* 领先 *DPPI*，此时汇率变动是引起生产者价格指数中期变动的重要原因，然而 2013 年 10 月 ~2015 年 12 月的区域均受边缘效应影响较大，故只考虑 2007 年 4 月 ~2008 年 12 月。而在其他时期如 1997 年 6 月 ~1998 年 5 月、2006 年 6 月 ~2007 年 3 月以及 2009 年 1 月 ~2013 年 9 月期间，$\varphi \in \left(-\frac{\pi}{2}, 0\right)$，此时 *DNEER* 与 *DPPI* 显著正相关，然而 *DNEER* 滞后于 *DPPI*，此时汇率变动不是引起生产者价格指数中期变动的原因。因此，在 1998 年 9 月 ~1999 年 5 月、2001 年 6 月 ~2001 年 11 月和 2003 年 1 月 ~2004 年 1 月这些时期内，汇率变动与生产者价格指数变动之间的关系显著且正相关，因此在这期间“中期”汇率传递效应显著，且为正传递；在 2007 年 4 月 ~2008 年 12 月期间，汇率变动与生产者价格指数变动之间的关系显著且负相关，因此在这期间“中期”汇率传递效应显著，且为负传递。

第三，我们看 4 ~8 年的“中长期”内，汇率变动（*DNEER*）与生产者价格指数变动（*DPPI*）之间的关系。从图 6 –2（a）我们可以看到，黑线圈闭的“岛屿”有 1997 年 11 月 ~1998 年 10 月、2005 年 1 月 ~2011 年 12 月以及 2014 年 1 月 ~2014 年 12 月。从图 6 –2（b. 3）中我们可以看出，在 2005 年 1 月 ~2006 年 1 月“岛屿”较小的阶段，$\varphi \in \left(-\frac{\pi}{2}, 0\right)$，此时汇率变动不是引起生产者价格指数中期变动的原因。在 2006 年 2 月 ~2011 年 12

月这将近 6 年内，$\varphi \in \left(-\pi, -\frac{\pi}{2}\right)$，此时 *DNEER* 和 *DPPI* 显著负相关，并且 *DNEER* 领先 *DPPI*，此时汇率变动是引起生产者价格指数中长期变动的重要原因，此时汇率传递效应显著且为负传递。而在 1997 年 11 月 ~ 1998 年 10 月和 2014 年 1 月 ~ 2014 年 12 月期间，这两个区域受边缘效应影响较大，因此不做讨论。因此，在 2006 年 2 月 ~ 2011 年 12 月的期间内，汇率变动是引起生产者价格指数中长期变动的重要原因，并且汇率变动对生产者价格的中长期传递效应显著，且汇率传递系数为负。

第四，我们看 8 ~ 12 年的“长期”内，汇率变动（*DNEER*）与生产者价格指数变动（*DPPI*）之间的关系。从图 6 – 2（a）我们可以看到，黑线圈闭的“岛屿”只有 1998 年 11 月 ~ 2013 年 6 月。从图 6 – 2（b.4）可以看出从 1998 年 11 月 ~ 2012 年 9 月的时间段内，$\varphi \in \left(-\pi, -\frac{\pi}{2}\right)$，此时 *DNEER* 和 *DPPI* 显著负相关，此时 *DNEER* 领先 *DPPI*，因此，汇率变动是引起生产者价格指数长期变动的重要原因。因此，在 8 ~ 12 年的“长期”内，从 1998 年 11 月 ~ 2012 年 9 月共 13 年 10 个月的时间段内汇率变动与生产者价格指数变动负相关，且汇率传递效应显著为负。

因此，综上所述：（1）在 1 ~ 2 年的短期内，汇率变动对生产者价格的传递效应基本不显著，只有 1998 年 9 月 ~ 1999 年 3 月、2004 年 1 月 ~ 2005 年 6 月、2011 年 2 月 ~ 2011 年 6 月和 2013 年 3 月 ~ 2013 年 12 月的几个月份存在显著的正传递效应。（2）在 2 ~ 4 年的中期内，1998 年 9 月 ~ 1999 年 5 月、2001 年 6 月 ~ 2001 年 11 月和 2003 年 1 月 ~ 2004 年 1 月这些时期，汇率变动对生产者价格指数的传递效应显著为正；而在 2007 年 4 月 ~ 2008 年 12 月期间，汇率变动对生产者价格指数的传递效应显著为负；但在其他大部分时期均不显著。（3）在 4 ~ 8 年的中长期内，在 2006 年 2 月 ~ 2011 年 12 月的期间内汇率变动对生产者价格指数的传递效应显著为负。（4）从 8 ~ 12 年的长期来看，共 14 年 5 个月的时间段内汇率变动对生产者价格指数的传递效应显著为负。因此，从短期、中期、中长期和长期的分析来看，短期汇率变动对进口价格的影响与中期、中长期和长期的传递效应不同，这说明了在不同时间维度下，汇率变动对生产者价格的传递效应具有非对称性。

这与第 4 章的结论大致相似，第 4 章的实证结果显示短期内汇率传递效应不显著，长期的汇率传递效应为负。本小节虽然在中期得出了汇率传递效应有正有负的结论，但是汇率传递系数为正的时期非常短，因此结合第 4 章的结论可知，中长期的平均汇率传递系数应为负。

从上述的结论分析来看，在短期和中期汇率传递效应不明显，而到了中长期和长期之后汇率传递效应就明显加强了，说明汇率传递效应在时间上存在滞后期。从前面的分析可以看出，汇率传递效应存在不小于 4 年的滞后期，汇率变动从 1998 年 9 月起在中长期和长期开始成为引起生产者价格变动的重要原因，而这距离 1994 年的汇率制度改革相隔了 4 年，也说明了汇率变动对生产者价格指数变动的影响存在滞后效应。而汇率对生产者价格的传递方向有正有负的结论也与第 4 章中的结论也保持一致。

6.3.3　汇率变动与消费者价格指数变动之间的关系

第一，我们来看在 1 ~2 年的“短期”内，汇率变动（*DNEER*）与消费者价格指数变动（*DCPI*）之间的关系。从图 6 –3（a）我们可以看到，除去上边缘区域和两侧区域的“岛屿”不考虑外，只有在 1997 年 6 月 ~1998 年 10 月、2000 年 6 月 ~2001 年 2 月、2003 年 12 月 ~2005 年 5 月、2006 年 12 月 ~2008 年 6 月、2010 年 4 月 ~2012 年 6 月以及 2013 年 6 月 ~2015 年 8 月有黑线圈闭的“岛屿”区域，这即是说明在 1 ~2 年的短期内，只有在这些区域内汇率变动才与消费者价格指数变动具有相关性。从图 6 –3（b. 1）我们可以看到，在上述这些时间段内，在 1997 年 10 月 ~1998 年 10 月、2000 年 6 月 ~2001 年 2 月、2003 年 12 月 ~2004 年 6 月、2006 年 12 月 ~2008 年 6 月和 2015 年 2 月 ~2015 年 8 月期间，$\varphi \in \left(0, \frac{\pi}{2}\right)$，此时 *DNEER* 与 *DCPI* 显著正相关，且 *DNEER* 领先 *DCPI*，此时汇率变动是引起消费者价格指数短期变动的重要原因。而在 2010 年 4 月 ~2012 年 6 月以及 2013 年 6 月 ~2015 年 1 月有黑线圈闭的“岛屿”区域的 $\varphi \in \left(-\frac{\pi}{2}, 0\right)$，此时 *DNEER* 与 *DCPI* 依然显著正相关，然而 *DNEER* 滞后于 *DCPI*，此时汇率变动不是引起消费者价格指数短期变动的原因。由于在 1 ~2 年的频率下，黑线圈

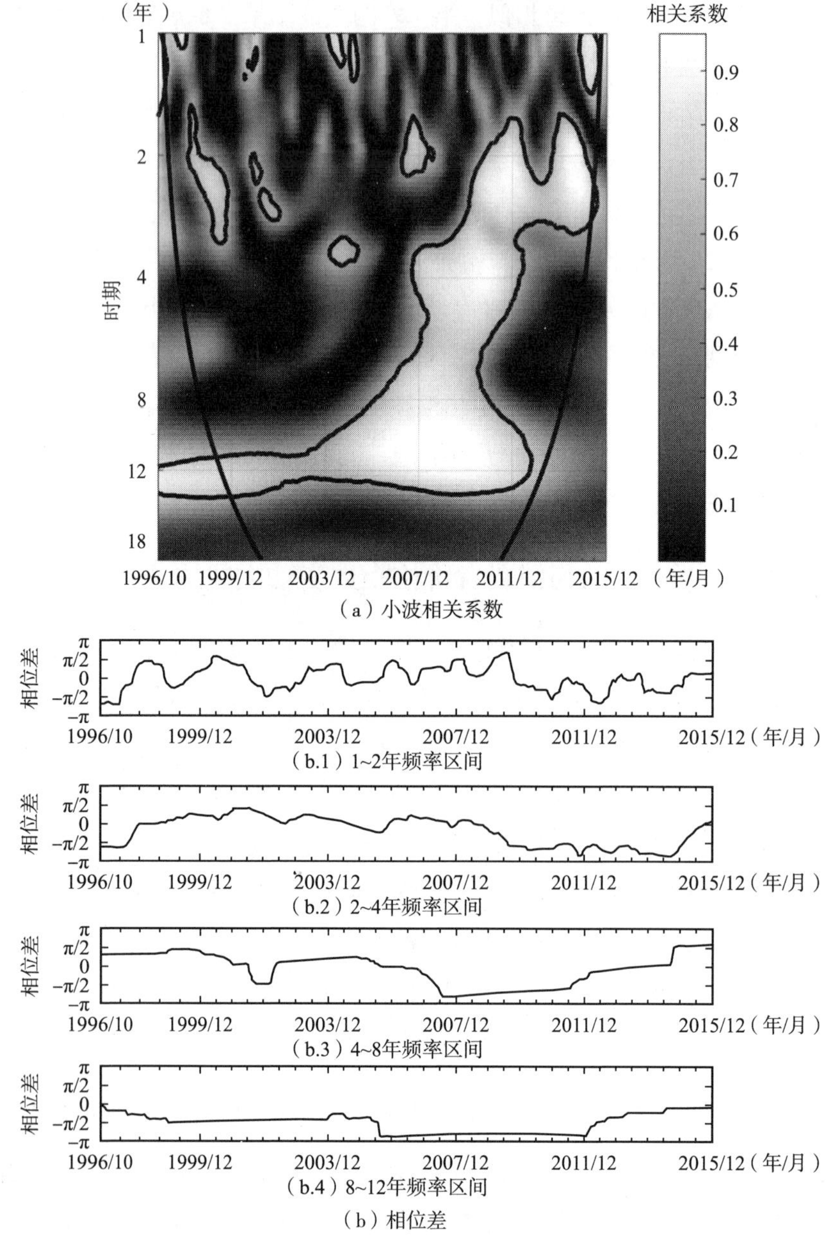

（a）小波相关系数

（b.1）1~2年频率区间

（b.2）2~4年频率区间

（b.3）4~8年频率区间

（b.4）8~12年频率区间

（b）相位差

图 6－3 *DCPI* 与 *DNEER* 的小波相关系数和相位差

注：图中数据的时间区间为 1996 年 11 月～2015 年 12 月，这是因为在本章中各变量为差分变量，自由度减少了 1 个。出于图形美观和全书一致性的考虑，时间轴的起点依然为 1996 年 10 月，该月份数据设为 0。时间轴的刻度分为两部分：1996 年 10 月～1999 年 12 月的主要刻度区间为 3 年零 2 个月，次要刻度区间为 7.6 个月；而 1999 年 12 月～2015 年 12 月的主要刻度区间为 4 年，次要刻度区间为 6 个月。

闭的“岛屿”大多数处于上边缘，边缘效应较大，而不处于上边缘的“岛屿”颜色偏灰色，相关系数较小，因此在1~2年的“短期”内汇率变动与消费者价格指数的变动关系较复杂。因此，在1~2年的“短期”内，大部分时期汇率传递的短期效应不显著，只有在1997年10月~1998年10月、2000年6月~2001年2月、2003年12月~2004年6月、2006年12月~2008年6月和2015年2月~2015年8月的几个月内，汇率对消费者价格的传递效应显著为正。

第二，我们继续看在2~4年的“中期”内，汇率变动（*DNEER*）与消费者价格指数变动（*DCPI*）之间的关系。从图6－3（a）我们可以看到，黑线圈闭的“岛屿”有1998年1月~1999年9月、2000年9月~2001年12月、2003年12月~2005年5月、2006年12月~2008年6月以及2007年6月~2015年6月。然而从图6－3（b.2）中我们可以看出，在1998年1月~1999年9月、2000年9月~2001年12月、2003年12月~2004年7月、2006年12月~2007年10月和2007年12月~2008年6月时期，$\varphi \in \left(0, \frac{\pi}{2}\right)$，此时*DNEER*与*DCPI*显著正相关，且*DNEER*领先*DCPI*，此时汇率变动是引起消费者价格指数中期变动的重要原因。而在2009年7月~2015年2月期间$\varphi \in \left(-\pi, -\frac{\pi}{2}\right)$，此时*DNEER*和*DPPI*显著负相关，且*DNEER*领先*DCPI*，此时汇率变动是引起消费者价格指数中期变动的重要原因。而在其他显著相关的时期如2004年7月~2005年12月和2007年10月~2009年7月期间，φ在$-\frac{\pi}{2}$附近徘徊，此时*DNEER*和*DPPI*的关系不确定，因此不做讨论。因此，在2~4年的“中期”内，汇率变动与消费者价格指数变动之间的相关性显著，即汇率传递效应显著，但汇率传递在中期内有既有正向传递又有负向传递，且大部分时间为负向传递。

第三，我们看4~8年的“中长期”内，汇率变动（*DNEER*）与消费者价格指数变动（*DCPI*）之间的关系。从图6－3（a）我们可以看到，黑线圈闭的“岛屿”只有2005年12月~2012年2月。从图6－3（b.3）中我们可以看出，在2007年5月~2011年8月，$\varphi \in \left(-\pi, -\frac{\pi}{2}\right)$，此时

DNEER 和 *DCPI* 显著负相关，并且 *DNEER* 领先 *DCPI*，此时汇率变动是引起生产者价格指数中长期变动的重要原因。而在 2005 年 12 月 ~2007 年 4 月和 2011 年 9 月 ~2012 年 2 月这两段时期，$\varphi \in \left(-\frac{\pi}{2}, 0\right)$，此时汇率变动不是引起消费者价格指数中长期变动的原因，然而这两段时期的“岛屿”面积非常小，属于过渡时期，因此可以忽略其影响。因此，在 4 ~8 年的“中长期”内，从 2007 年 5 月至 2011 年 8 月这段时期内汇率变动与消费者价格指数变动的相关性显著负相关，即汇率传递的中长期效应显著为负。

第四，我们看 8 ~12 年的“长期”内，汇率变动（*DNEER*）与消费者价格指数变动（*DCPI*）之间的关系。从图 6 –3（a）我们可以看到，黑线圈闭的“岛屿”只有 1999 年 4 月 ~2012 年 10 月。从图 6 –3（b.4）可以看出在 2005 年 7 月 ~2012 年 5 月这个时间段内，$\varphi \in \left(-\pi, -\frac{\pi}{2}\right)$，此时 *DNEER* 和 *DCPI* 显著负相关，此时 *DNEER* 领先 *DCPI*，汇率变动是引起消费者价格指数长期变动的重要原因。而在 1999 年 4 月 ~2005 年 6 月和 2012 年 6 月 ~2012 年 10 月这两个时期的“岛屿”面积较小，误差较大，因此不予以考虑。因此，从 8 ~12 年的“长期”来看，在 2005 年 7 月 ~2012 年 5 月的 6 年多时间内，汇率变动对消费者价格指数的相关性也是显著负相关，即汇率传递的长期效应显著为负。

因此，综上所述：（1）在 1 ~2 年的“短期”内，样本内大部分时期汇率变动对消费者价格的传递效应不显著，只有少数几个月汇率变动对消费者价格的传递效应显著为正。（2）在 2 ~4 年的“中期”内，1998 年 1 月 ~1999 年 9 月、2000 年 9 月 ~2001 年 12 月、2003 年 12 月 ~2004 年 7 月、2006 年 12 月 ~2007 年 10 月和 2007 年 12 月 ~2008 年 6 月的五个时期，汇率变动对消费者价格的传递效应显著为正；而在 2009 年 7 月 ~2015 年 2 月期间，汇率变动对消费者价格的传递效应显著为负。（3）在 4 ~8 年的“中长期”内，有 4 年半的时间汇率变动对消费者价格的传递效应显著为负。（4）从 8 ~12 年的“长期”来看，有 6 年多的时间汇率变动对消费者价格的传递效应显著为负。因此，从短期、中期、中长期和长期的分析来看，不同时间跨度的汇率传递效应均不同，这说明了在不同时间维度下，汇率变动对消费者价格的传递效应具有非对称性。这个结论与第 4 章中汇率传递系数有正有负的结论是一致的。

从上述的结论分析来看，在短期基本不存在汇率传递效应，而到了中期之后就汇率传递效应就变得显著了，说明汇率传递效应在时间上存在滞后期。从前面的分析中可以看出，汇率传递效应存在不小于 2 年的滞后期，汇率变动从 1998 年 1 月起在中期、中长期和长期均为引起消费者价格变动的重要原因，而这距离 1994 年的汇率制度改革相隔了 3 ~ 4 年，也说明了汇率变动对进口价格指数变动的影响存在滞后效应。而汇率传递方向有正有负的结论与第 4 章中的结论也保持一致。

6.4　本章小结

本章从时间长短的角度探讨了在不同周期的汇率传递效应。本章将 1 ~ 2 年定义为“短期”，将 2 ~ 4 年定义为“中期”，将 4 ~ 8 年定义为“中长期”，并将 8 ~ 12 年定义为“长期”。这种时间上的划分便于将时间周期这一抽象的概念具体化，这样也更利于货币政策在不同时期的目标设定。本章通过采用小波分析理论分别得出了不同时间周期内汇率波动与进口价格波动、生产者价格波动和消费者价格波动之间的关系，并得出了不同时间周期相应的传递效应非对称的结论。

6.4.1　汇率变动对进口价格的传递效应

（1）对于进口价格的汇率传递而言，在 1 ~ 2 年的短期和 2 ~ 4 年的中期内，汇率变动对进口价格的传递效应基本不显著。然而放到 4 ~ 8 年的中长期和 8 ~ 12 年的长期来看，汇率传递系数十分显著。

（2）4 ~ 12 年的中长期和长期中部分汇率传递系数为正，部分传递系数为负，与第 4 章中长期汇率传递系数为正的结果不一致。导致这个差别的原因可能是在 NARDL 模型中计算出的汇率传递系数是平均系数，而用小波分析计算出的是动态系数。结合第 4 章的结论，中长期和长期的传递系数有正有负，其平均效应应为正。

因此综合第（1）（2）点可知，短期、中期汇率变动对进口价格的影响与中长期、长期的传递效应不同，这说明了在不同时间维度下，汇率变动对进口价格的传递效应具有非对称性。

（3）在短期和中期基本不存在汇率传递效应，而到了中长期之后汇率传递效应就显著了，说明汇率对进口价格的传递效应在时间上存在滞后期。并且汇率传递效应存在不小于4年的滞后期，汇率变动从1999年2月起在中长期和长期开始成为引起进口价格变动的重要原因，而这距离1994年的汇率制度改革相隔了5年，也说明了汇率变动对进口价格指数变动的影响存在滞后效应。

6.4.2　汇率变动对生产者价格的传递效应

（1）对于生产者价格的汇率传递而言，在1～2年的短期内，汇率的传递效应基本不显著；在2～4年的中期内，部分时期汇率的传递效应显著，但在其他大部分时期均不显著；在4～8年的中长期内，有6年的时间汇率的传递效应显著；从8～12年的长期来看，共14年5个月的时间段内汇率的传递效应显著。

（2）中期的汇率传递系数仅有少部分时期为正，大部分时期为负，而中长期以及长期汇率传递系数均为负。这与第4章的结论大致相似，第4章的实证结果显示短期内汇率传递效应不显著，长期的汇率传递效应为负。因此，结合第4章的结论，中期、长期的平均汇率传递系数为负。

因此综合第（1）（2）点可知，短期、中期汇率变动对进口价格的影响与中长期、长期的传递效应不同，这说明了在不同时间维度下，汇率变动对进口价格的传递效应具有非对称性。

（3）在短期汇率传递效应不明显，而到了中期、中长期和长期之后汇率传递效应就明显加强了，说明汇率传递效应在时间上存在滞后性。从上面的分析中可以看出，汇率传递效应存在不小于4年的滞后期，汇率变动从1998年9月起在中长期和长期开始成为引起生产者价格变动的重要原因，而这距离1994年的汇率制度改革相隔了4年，也说明了汇率变动对生产者价格指数变动的影响存在滞后效应。

6.4.3　汇率变动对消费者价格的传递效应

（1）对于消费者价格的汇率传递而言，在 1 ~2 年的“短期”内，样本内大部分时期汇率的传递效应不显著；在 2 ~4 年的“中期”内，大部分时期汇率变动对消费者价格的传递效应显著；在 4 ~8 年的“中长期”内，有 4 年半的时间汇率的传递效应显著；从 8 ~12 年的“长期”来看，有 7 年多的时间汇率变动对消费者价格的传递效应显著。

（2）中期的汇率传递系数有正有负，中长期以及长期来看汇率传递系数为负。这与第 4 章的结论一致，第 4 章的实证结果长期内汇率传递系数有正有负。

因此，从短期、中期、中长期和长期的分析来看，不同时间跨度的汇率传递效应均不同，这说明了在不同时间维度下，汇率变动对消费者价格的传递效应具有非对称性。

（3）在短期基本不存在汇率传递效应，而到了中期之后就汇率传递效应就变得显著了，说明汇率传递效应在时间上存在滞后期。从上面的分析中可以看出，汇率传递效应存在不小于 2 年的滞后期，汇率变动从 1998 年 2 月起在中期、中长期和长期均为引起消费者价格变动的重要原因，而这距离 1994 年的汇率制度改革相隔了 4 年，也说明了汇率变动对进口价格指数变动的影响存在滞后效应。

6.4.4　汇率变动对三种价格的传递效应

从上述三个结论可以看出，人民币汇率传递对三种价格的传递效应在不同时期非对称，传递系数也不同，并且都存在不同长度的时滞。其中对进口价格和生产者价格的时滞为不小于 4 年，而对消费者价格传递的时滞更短，为不小于 2 年，这与贾凯威（2016）得出的消费者价格对汇率冲击的调整过程在前 8 个季度是复杂多变的结论是完全一致的。

第 7 章　结论及政策建议

7.1　主要结论

本书围绕着第 1 章提出的四个问题，通过第 2 章的文献梳理、第 3 章的理论模型以及第 4 ~6 章的实证检验，分别回答了人民币汇率对价格传递是否存在、是否完全、是否非对称；人民币汇率升值时和汇率贬值时对价格的传递是否非对称；人民币汇率波动幅度大和波动幅度小时对价格的传递是否非对称；以及人民币汇率在不同时间周期内对价格的传递是否非对称。其中人民币汇率对价格的传递分为对进口价格的传递、对生产者价格的传递以及对消费者价格的传递。现得到以下结论：

7.1.1　从汇率传递方向的角度

本书在第 4 章中采用了非线性自回归分布滞后（NARDL）模型，从人民币汇率波动方向的角度探讨了人民币在升值和贬值同等程度的情况下，对中国的进口价格、国内生产者价格以及消费者价格的传递是否存在非对称的影响。实证结果表明：

（1）人民币名义汇率贬值比升值对进口价格、生产者价格和消费者价格的传递效应更大，因此在汇率波动方向上的汇率对进口价格的传递效应非对称。

造成这一结论的原因可能是数量限制说，即当人民币贬值时，外国出口商为了维持原有的、以出口国货币计价的利润水平，通常会固定成本加成，保持出口国货币计价的商品价格相对不变，那么此时以人民币计价的商品价格则能够充分反映汇率的变化，即人民币传递效应很大。反之，当人民币升值时，外国厂商通常会通过提高成本加成来维持以人民币计价的商品价格，此时汇率传递效应较小。因此，数量限制说认为汇率贬值对国内生产者价格的传递效应较汇率升值时大。

（2）人民币名义汇率对中国进口价格的长期汇率传递效应为正，即从长期来看人民币升值会带来进口价格的上涨，人民币贬值会带来进口价格的下跌，但短期汇率传递效应不显著。

一般来说国外文献大多数认为汇率传递方向为负，即汇率升值会造成价格的下降，而人民币贬值会造成价格的上升。而本书结果中得到的正向汇率传递与国内部分文献的结论一致，这说明了汇率传递在中国具有一定的“本土特征”。造成这种现象的原因，一方面是因为人民币在较长一段时期内的升值和升值预期共同导致了“逆传递”现象，通过货币供应机制，热钱通过地下渠道、贸易渠道等途径大量流入我国，并通过外汇占款推升国内进口替代品的价格和总体物价水平，最后倒逼进口价格水平上涨。另一方面，市场结构和产品替代机制对汇率的正向传递起到了一定作用。由于我国国有企业的垄断性较强，因而本国厂商具有较强的进口定价能力，从而当人民币贬值时，外国厂商由于其竞争性过强，不仅不会提高价格，反而有可能降低价格，出现汇率的正传递；而当人民币升值时，外国厂商可能会维持价格不变，或小幅提高价格来增加利润，这样也会出现汇率的正传递。而产品替代效应使得人民币升值时，进口替代品价格提高会倒逼进口商品的价格上涨，所以这也是造成汇率对进口价格正向传递的原因。

（3）人民币名义汇率对中国生产者价格的长期汇率传递效应为负，即从长期来看人民币升值会带来生产者价格的下跌，人民币贬值会带来生产者价格的上涨，但短期汇率传递效应不显著。

汇率对生产者价格的传递系数符号为负的原因可由控制变量GDP来解释，实证结果显示GDP对PPI的影响是负向的，这里GDP代表了国内需求和经济增长。当经济增长时，一般会带来汇率升值，而经济增长所带来的技术进步降低了原材料和中间投入品要素的价格，因此会引起国内生产者价格的下降，从而汇率传递系数为负。

（4）人民币名义汇率对中国消费者价格的长期汇率传递效应有正有负，当人民币升值时，汇率传递效应为正，当人民币贬值时，汇率传递效应为负，但短期汇率传递效应不显著。

这与一段时期内人民币对外升值，对内贬值的现象不谋而合。而人民币贬值时传递效应为负说明，汇率贬值时也会对消费者价格起到推动作用。这是因为汇率变化与国内物价之间并不存在绝对地正相关或绝对负相关的简单对应关系（王仁言，2003），目前我国的汇率传递效应和通货膨胀之间，还存在某些国外未有涉及的独特的“本土特征”（项后军和许磊，2011）。造成这种现象的原因主要有两点：首先，在样本期内，我国的国际贸易顺差凸显，这导致外汇储备急剧增加，给人民币汇率带来了巨大的升值压力。中国人民银行为维护汇率稳定与当时钉住美元的汇率制度有关，不得不在外汇市场上持续买入大量外汇，由此导致基础货币急剧增加，已成为这一阶段基础货币投放的主要因素，这进一步推升了物价水平。因此，尽管该时期的名义有效汇率有所升值，但为了维持汇率稳定而被迫增加的外汇占款导致基础货币的大量投放反而推动了物价水平的上涨，从而导致了汇率升值不仅不会降低物价水平反而还会对其起到推升作用。其次，自年 2005 年 7 月人民币汇率改革之后，为保持人民币汇率稳定，我国采取了小幅、渐进的升值政策。但有限的升值幅度引发了人民币持续升值的强烈预期，进而导致投机热钱的不断涌入。这进一步导致国内基础货币的迅速增加，从而加剧了通货膨胀形势。故可以在某种程度上认为，该时间段下强烈的人民币升值预期对国内通货膨胀带来的上升效应要远远大于人民币升值本身对国内通货膨胀带来的紧缩效应，从而导致了汇率传递系数符号为正这一现象。

7.1.2 从汇率波动幅度角度

本书在第 5 章采用了 B 样条回归（B-spline regression）模型，从人民币汇率波动幅度的角度，探讨了当人民币波幅小和波幅大的情况下，对中国的进口价格、国内生产者价格以及消费者价格的传递是否存在非对称的影响。

实证结果表明：

（1）当人民币汇率波动幅度在一个较小的范围内时，汇率波动幅度越小，对价格的传递效应越大。而当汇率波动幅度超过这个范围时，汇率波动幅度越大，对价格的传递效应越大。

（2）对于进口价格和消费者价格而言，当汇率的波动幅度接近门限值时，汇率传递的方向发生了改变。而对于生产者价格而言，汇率传递方向没有发生改变。

产生这个结果可能有如下两个原因：

首先，本书中所采用的中国的进口商品价格指数是以外币美元计价的，如果进口商品以外国货币计价，则当汇率波动幅度较小时，由于菜单成本的存在，外国厂商并不会调整出口价格，因此其实际收到的价格并不会发生变化，但是由于汇率发生改变，则这种改变会完全影响到进口国商品的价格，此时汇率传递是完全的。而当汇率波动幅度较大时，外国厂商会调整出口价格，这会抵消一部分进口价格的变化，从而降低汇率传递的效果。因此，当汇率波幅较小时，汇率的传递效应更大。

其次，价格刚性的存在也影响了厂商的定价决策。当汇率波幅小于临界值时，外国厂商一般不会迅速改变商品价格，而是存在价格刚性，只有当汇率的变动累积到一定程度时，外国厂商才会重新设定价格。因此，当汇率波幅超过临界值时，价格刚性的作用使得汇率波幅越大，汇率的传递效应越大。

7.1.3　从时间角度

本书在第 6 章运用了小波分析（wavelet analysis）理论，从时间周期的角度，分别探讨了在短期、中期、中长期和长期，人民币汇率波动对中国的进口价格、国内生产者价格以及消费者价格的传递是否存在非对称的影响。本书将这两个抽象的时间概念具体化，分别将短期定义为 1 ~ 2 年、将中期定义为 2 ~ 4 年、将中长期定义为 4 ~ 8 年，而将长期定义为 8 ~ 12 年。实证结果如下：

（1）对于进口价格的汇率传递而言，在中短期基本不存在汇率传递效应，而到了中长期之后汇率传递效应就显著了，说明汇率传递效应在时间上存在滞后期。并且滞后期不小于 4 年，汇率变动从 1999 年 2 月起在中长期和长期开始成为引起进口价格变动的重要原因，而这距离 1994 年的汇率制度改革相隔了 5 年，也说明了汇率变动对进口价格指数变动的影响存在滞后效应。

（2）对于生产者价格的汇率传递而言，在短期基本不存在汇率传递效应，而到了中期之后汇率传递效应就逐渐变强了，说明汇率传递效应在时间上存在滞后期。其中汇率变动从 1998 年 9 月起在中长期和长期开始成为引起进口价格变动的重要原因，而这距离 1994 年的汇率制度改革相隔了 4 年，也说明了汇率变动对进口价格指数变动的影响存在不小于 4 年的滞后效应。

（3）对于消费者价格的汇率传递而言，在短期基本不存在汇率传递效应，而到了中期之后就汇率传递效应就显著了，说明汇率传递效应在时间上存在滞后期。并且滞后期不小于 2 年，汇率变动从 1998 年 2 月起在中期、中长期和长期均为引起生产者价格变动的重要原因，而这距离 1994 年的汇率制度改革相隔了 4 年。

从上述三点可以看出，人民币汇率传递对三种价格的传递效应都存在不同长度的时滞，其中对进口价格和生产者价格的时滞为不小于 4 年，而对消费者价格传递的时滞更短，为不小于 2 年，这与国内学者得出的消费者价格对汇率冲击的调整过程在前 8 个季度是复杂多变的结论是完全一致的。

7.1.4 总结

综合来看，本书的实证检验部分分别回答了最初提出的四个问题：

（1）人民币汇率对中国的进口价格、国内生产者价格以及国内消费者价格的传递是否存在、是否完全、是否非对称。

（2）人民币升值和贬值对中国的进口价格、国内生产者价格以及国内消费者价格的传递效应是否不一样。

（3）人民币汇率波动幅度大与波动幅度小时，对中国的进口价格、国内生产者价格以及国内消费者价格的传递效应是否不一样。

（4）人民币汇率对中国的进口价格、国内生产者价格以及国内消费者价格的传递效应在不同时间周期内是否不一样。

而上述问题的答案为：

（1）人民币汇率对价格的传递效应是存在的，是不完全的，是非对称的。

（2）人民币升值和贬值同等程度对价格的传递效应非对称，人民币贬值时比升值时的传递效应更大。

（3）人民币汇率波动幅度大与波动幅度小时对价格的传递效应非对称，汇率波幅接近门限值时传递效应变小，汇率波幅远离门限值时传递效应变大。

（4）在不同时间周期内，人民币汇率对价格的传递效应非对称，长期的汇率传递效应更大。

7.2 政策建议

根据本书的研究结论，在本书的最后总结出了以下八点政策意涵，为我国在“十四五”时期更好地贯彻供给侧结构性改革，以及选择更有利于经济金融发展和物价稳定的汇率制度和汇率政策提供了有力的政策建议。

第一，稳步推进汇率市场化改革，逐步扩大人民币汇率浮动区间。本书得出的不完全汇率传递研究结论为我国现行汇率制度的取向以及未来汇率制度的选择提供了新的理论基础。对于具有不同汇率传递效应的经济体而言，实施不同的汇率制度规则，对宏观经济的影响具有很大的差异（Dever and Michael，2002）。具体而言，如果一国汇率制度为浮动汇率制，且经济体具有较高的汇率传递效应，那么在这种情况下，实体经济对汇率频繁波动的承受能力较强，然而较大幅度的名义汇率波动将会导致物价水平的较大波动。如果实施固定汇率制，则可以在汇率稳定的情况下保持通货膨胀水平基本稳定。相反，当汇率传递不完全时，汇率波动对国内通货膨胀的冲击就十分有限，与此同时，汇率变动能够较为迅速地通过影响利率水平来平抑产出波动。在这种低汇率传递环境下，经济体实施浮动汇率制比固定汇率制更容易实现低产出波动与低通货膨胀波动的双赢目标。因此，在我国目前汇率传递不完全的情况下，我们可以通过逐步实施浮动汇率制来稳定实体经济，而同时没有通货膨胀风险。

第二，增强经济发展自主性，减少汇率对进口价格冲击的风险。国有企业的垄断地位为中国在国际进口市场带来了话语权，但在某些生产资料进口领域仍然被扼住咽喉。首先，人民币贬值对进口价格的传递效应大于升值时的传递效应，且为正传递，一定程度上反映了中国企业在国际进口市场话语权的优势，这是由国有企业在某些领域的垄断地位造成的，这在一定程度上体现出了中国特色社会主义制度的优越性。其次，人民币贬值对生产者价格的传递效应大于升值时的传递效应，且人民币汇率对生产者价格的传递为负传递，说明人民币贬值时生产者价格上升的程度大于人民币升值时生产者价格下降的程度。由于生产者价格主要包括生产资料和中间投入品的批发价格，其中也包括了进口生产资料和中间投入品的价格，因此说明人民币贬值带来的进口价格下降主要是产成品价格的下降，但是进口生产资料和进口中间投入品的价格可能是上升的。这反映了我国在国际原材料进口市场的话语权的缺失与不足，尤其如石油、化工、高新技术产品等关系国计民生的重要能源和生产资料被国际市场扼住咽喉。

对此，本书认为，一方面中国应积极开拓能源和化工等生产资料的进口通道，铺设跨国跨洲能源管道，寻求与资源国纵深合作，加强贸易往来和投资计划。另一方面，通过加大对自主品牌产品的投入与研发，加大对高新技术产业、高端产品的创新力度，在高精尖科技和制造业领域获得长足发展，从而减少对外依存度及进口贸易中受制于人的可能性，增强经济发展的自主性，提高经济发展的质量。另外，也可以在国际交往中运用高新技术交换能源和生产资料，并结合金融市场手段，减少汇率波动对进口价格冲击的风险。

第三，完善资本流动监测预警体系，引导人民币汇率"常态化"变动预期。实证结果表明，人民币贬值对消费者价格的传递效应大于升值时的传递效应，且当人民币升值时，汇率传递效应为正，当人民币贬值时，汇率传递效应为负，在样本期的一段时期内呈现出人民币对外升值与对内贬值并存的局面。这反映了汇率对消费者价格的传导机制不清晰，消费者价格受货币和资本流动因素的影响更大。造成这一“本土特色”的原因之一是，在样本期内受人民币升值预期影响，大量热钱通过地下渠道、贸易渠道等途径流入我国，热钱流入境内对人民币汇率传递效应影响显著，且外汇储备激增，人民币升值预期急剧提高，物价上涨。然而，时至今日，2020 年热钱已经从前些年的净流入转为净流出，扭转了之前外汇储备急剧增加的局面，从而降低了人民币的升值预期。因此货币当局需要加大对热钱流入流出的限制和管理，并且需要更多的关注在汇率变动过程中如何制定正确的宏观经济政策，这将影响到一国长期的经济发展和金融稳定。首先，完善资本流动监测预警体系。国家外汇管理局可通过构建完善的跨境资本流动监测预警体系和应急管理体系，进一步完善对异常跨境资金流入和流出的双向监督，对于违法违规的地下钱庄等外汇行为进行严格查处和打击，这有利于防范和化解跨境资本流动风险，切实保证国家金融环境的安全与稳定。其次，转变政策导向。引导人民币汇率“常态化”变动预期，合理有序地扩大金融市场双向开放。

第四，稳步渐进推进人民币汇率形成机制改革。从本书结论可知，在一定范围内，人民币汇率波幅越小，对进口价格、生产者价格和消费者价格的传递效应越大，然而这个阈值是比较小的，一旦超过这个较小的阈值，则人民币汇率波幅越大，对三种价格的传递效应越大，三种价格相应的波动幅度也越大。这一结论为我国进一步推进人民币汇率改革提供了极为重要的启示。不难理解，稳步推进人民币汇率形成机制的改革需要一个稳定的宏观环境，特别是价格环境。一般而言，一国激进的汇率制度改革容易破坏宏观经济的相对均衡，特别容易引发实体经济和金融经济价格水平的剧烈波动。本书的实证结果表明，当波幅较大时，人民币汇率波幅与传递效应存在正相关性，这表明以稳步渐进方式推进人民币汇率形成机制改革是基本原则，一步到位的，激进式的汇率改革将引致进口价格的剧烈波动，进而破坏国内稳定的价格环境。因此，我国应进一步完善人民币汇率制度，稳定汇率环境，从而为稳定价格环境奠定基础。

第五，避免人民币汇率短期大幅波动，合理制定长期贸易政策。由于人民币汇率变动对我国进口价格水平的传递存在时滞性现象，这意味着利用汇率变动来调节中国贸易收支存在时滞性的问题，即使短期内人民币汇率有较大程度的调整，也不会对当期贸易收支迅速产生影响。同样如果想在短期内调节贸易收支，也无法通过调整当期的汇率水平来达成目的。另外，由于汇率传递存在时滞，调整汇率可能会对贸易收支造成过度调节的现象。因此，如果以贸易收支平衡为标准，来确定人民币汇率变动幅度，是很难精确控制的，反而可能会适得其反。从本书的实证结果来看，人民币汇率波动最好遵循小幅、渐进的原则，避免短期内大幅波动，并且有必要对汇率变动影响贸易收支的效果进行长期观测，以免被短期的不均衡波动所误导，不利于我国贸易的长期发展。

第六，合理选择汇率制度。简单地实行升值或者贬值并非人民币汇率制度改革的方向。重估和调整汇率水平仅能解决表象问题，不能从根本上解决问题，汇率的根本问题是汇率制度选择问题，并保持其公信度。所以，应从根本上考虑在新的经济金融发展环境下，什么样的汇率制度更适合我国国情。总体上看，以市场供求为基础的、有管理的浮动汇率制度较适合于我国。当前，从全球来看，我国经济仍保持较平均水平高的增速，国际收支保持基本平衡，外汇储备比较充足，为向有管理的浮动汇率制度平稳“过渡”提供了较好基础。但综合考量当前的国内外经济金融因素，如中美贸易摩擦全面加剧、国际金融市场仍存在较大波动、新兴市场经济体经济增速明显下降、货币贬值以及资本外流的外溢影响等，再加上国内经济下行压力较大、人民币汇率贬值和资本外流压力依然存在，市场对人民币汇率的贬值预期仍较大。面对上述国内外经济金融环境，当前，保持人民币汇率基本稳定尤为重要。保持人民币汇率基本稳定，货币当局应采取相关政策措施，管理好市场预期，压缩离岸、在岸人民币汇率的价差，减少反向套利的空间，限制人民币离岸市场的投机交易，使外汇买卖回归“正轨”，缓解汇率的无序波动和跨境资金异常流动，保持人民币汇率在合理均衡的水平上基本稳定。

第七，向有管理的浮动汇率制度平稳“过渡”。在保持汇率基本稳定的同时，应采取逐步和有序的方式推进向有管理的浮动汇率制度平稳“过渡”，具体来说：一是进一步完善汇率形成机制。目前的汇率形成机制主要取决于人民币汇率浮动区间的设定，而合适的汇率浮动区间需要考虑诸如宏观经济波动、国际收支状况、外汇储备、国内利率水平、实际有效汇率等宏观因素，当然也要考虑金融市场和金融机构、外贸企业、外汇投资者等微观企业和个体的因素。二是央行逐步退出“常态式”外汇干预。央行应逐步减少干预的频度和力度，逐步退出“常态式”外汇市场干预，并引导市场机制对调整汇率水平发挥更大的作用，使名义汇率更趋于其均衡汇率水平。三是加强市场预期管理。新型冠状病毒性肺炎疫情后，汇率波动加大，市场升值预期的强化，又进一步加大汇率升值压力，因此应重视市场预期对于汇率稳定的重要作用。首先，中国人民银行应加强与市场沟通，及时向市场传递正确的政策信息，引导和管理好市场汇率预期；其次，中国人民银行应加强对商业银行的窗口指导，维持离岸、在岸人民币汇率价差在一定的合理水平，防止套汇投机行为造成外汇市场异常波动；最后，有效利用货币工具，抑制资本外流的势头，保持国际收支基本平衡。

第八，加快供给侧结构性改革步伐，促进经济发展方式转型升级。稳健向好的宏观经济是保持人民币汇率稳定的基础，加快供给侧结构性改革和促进经济发展方式转型升级决定着经济发展的质量和速度。从国际产业发展趋势来看，随着后危机时代世界经济的整体减速，新型冠状病毒性肺炎疫情的全球爆发带来的经济冲击，以及中美贸易摩擦的全面升级，对我国出口贸易带来了不可避免的负面冲击。同时，主要发达国家贸易保护主义抬头，制造业开始回流，我国出口导向型战略将受到更大程度的制约。从出口来看，我国的出口商品依然以劳动密集型产品为主，高附加值产品比重不高，我国出口商在世界贸易中的议价能力整体偏弱，汇率变动风险完全由我国出口商承担。从进口来看，由于我国国有企业的垄断地位，因此在国际进口市场拥有较强的议价权，这对我国来说是有利的。然而我国进口商品结构中的能源、原材料、中间投入品以及高新技术产品也占有相当一部分比重，然而这些类型的产品缺乏替代性，在这些方面我国进口企业的议价能力同样较小，外国出口企业往往将更多的汇率变动风险转嫁给国内进口企业，造成国内物价上涨。因此，在“十四五”时期，我国对外贸易的战略方向应是坚持扩大内需和出口并举，减少国民经济对出口贸易的依赖，加大刺激国内需求，实现国际国内双循环、以国内循环为主的发展格局。首先，不断提高对高新技术产业的投入，提升国际经贸规则话语权，巩固贸易大国地位，加强贸易强国建设。其次，提升外贸企业跨国经营能力，提升与“一带一路”沿线国家以及《区域全面经济伙伴关系协定》（RCEP）国家贸易合作水平，并实行积极的进口政策，扎实推进贸易平台和国际营销网络的建设。最后，完善外贸政策体系，深化外贸管理体制改革，完善财税政策，改进金融服务，提高公共服务能力，营造出法治化、国际化、便利化的营商环境。

综上所述，在人民币汇率不完全和非对称传递的背景下，加快供给侧结构性改革步伐、促进经济发展方式转型升级是我国经济健康发展的必由之路。一方面，通过不断加快技术创新，提高出口产品附加值和出口商定价能力，不断改善我国的贸易条件，减少汇率变动风险；另一方面，继续提高我国经济开放度、加快人民币国际化步伐，提高人民币在我国进口贸易中的结算比重，减少汇率变动风险。促进以人民币国际结算贸易，提高人民币国际地位，稳步推进汇率制度改革，从而通过汇率制度改革红利带动供给侧结构性改革，切实促进我国对外贸易的健康稳定发展，并通过汇率传递拉动国内经济的长足发展，为我国“十四五”时期社会经济全面发展提供坚实基础。

7.3 不足与后续研究展望

第一，本书只考虑了汇率对进口价格的影响，而并没有考虑对出口价格的影响，实际上由于我国是出口大国，出口价格对汇率的敏感度也很高，因此需要在后续的研究中考虑出口价格。

第二，本书也没有考虑汇率对贸易品部门、非贸易品部门以及分行业进口价格的影响，这也是后续需要研究的重点。

第三，本书第 5 章所采用的 B 样条回归模型虽然在处理时间和简单回归上具有较大优势，但在处理多变量模型的能力方面较差。而影响汇率波动幅度的模型中未加入控制变量，也是本书的不足之一。因此，本书在后续的研究中会进一步采用多变量的模型进行分析。

参考文献

[1] 白钦先，张志文．人民币汇率变动对 CPI 通胀的传递效应研究［J］．国际金融研究，2011（12）：38－46.

[2] 毕玉江．人民币汇率变动对中国进口商品价格的传递效应——基于 VECM 的实证研究［J］．数量经济技术经济研究，2008（8）：70－82.

[3] 曹伟，罗浩，邓升军．人民币汇率传递对我国物价水平影响的实证分析：2005－2008［J］．世界经济研究，2009（4）：25－31，87－88.

[4] 曹伟，倪克勤．人民币汇率变动的不完全传递——基于非对称性视角的研究［J］．数量经济技术经济研究，2010（7）：105－118.

[5] 曹伟，赵颖岚，倪克勤．原油进口价格关系——基于非对称性视角的研究［J］．金融研究，2012（7）：123－136.

[6] 曹伟，申宇．人民币汇率传递、行业进口价格与通货膨胀：1996－2011［J］．金融研究，2013（10）：68－80.

[7] 常婧，龙少波，陈立泰．人民币汇率对中国进出口价格的非对称传递研究：基于非线性自回归分布滞后（NARDL）模型［J］．世界经济研究，2019（1）：44－55，136.

[8] 陈平，李凯．人民币汇率与宏观基本面：来自汇改后的证据［J］．世界经济，2010（9）：28－45.

[9] 陈六傅，刘厚俊．人民币汇率的价格传递效应——基于 VAR 模型的实证分析［J］．金融研究，2007（4）：1－13.

[10] 储成兵．人民币汇率变动对进口价格传递效应研究——以农产品进口价格传导为例［J］．价格理论与实践，2012（9）：58－59.

[11] 杜运苏，赵勇．汇率变动的价格传递效应——基于中国的实证研

究［J］. 经济科学，2009（5）：48－57.

［12］杜运苏. 人民币汇率变动的进口价格传递效应——基于贸易方式的实证研究［J］. 世界经济研究，2010（5）：27－32.

［13］范科才，李子扬，李欣. 汇率传递非对称性及其传递系数动态特征解释——基于非线性视角分析［J］. 宏观经济研究，2019（12）：60－71.

［14］封北麟. 汇率传递效应与宏观经济冲击对通货膨胀的影响分析［J］. 世界经济研究，2006（12）：45－51.

［15］郭庆旺，贾俊雪. 中国潜在产出与产出缺口的估算［J］. 经济研究，2004（5）：31－39.

［16］郝伟伟. 基于小波理论的人民币汇率多尺度分析［D］南昌：华东交通大学，2013.

［17］贺本岚，石勇，朱含蓄，等. 人民币汇率对我国细分行业价格的传递效应研究［J］. 管理评论，2017（8）：3－12.

［18］黄寿峰，陈浪南，黄榆舒. 人民币汇率变动的物价传递效应：多结构变化协整回归分析［J］. 国际金融研究，2011（4）：47－55.

［19］姜昱，邢曙光，杨胜刚. 人民币汇率传递的不对称性［J］. 广东金融学院学报，2010（4）：14－21.

［20］贾凯威. 基于非对称 ARDL 模型的汇率传递计量研究［J］. 统计与决策，2016（4）：159－162.

［21］李颖，栾培强. 人民币汇率传导效果的动态趋势及影响因素分析［J］. 经济科学，2010（4）：78－85.

［22］刘青. 人民币汇率传递效应与中国货币政策的选择——基于汇率传递非对称角度的实证分析［D］. 泉州：华侨大学，2014.

［23］刘亚，李伟平，杨宇俊. 人民币汇率变动对我国通货膨胀的影响：汇率传递视角的研究［J］. 金融研究，2008（3）：28－41.

［24］吕剑. 人民币汇率变动对国内物价传递效应的实证分析［J］. 国际金融研究，2007（8）：53－61.

［25］糜仲春，顾荣芳. 我国经济增长速度和通货膨胀的实证分析［J］. 南京大学学报（哲学·人文科学·社会科学版），1998（3）：87－92.

［26］倪克勤，曹伟．人民币汇率变动的不完全传递研究：理论及实证［J］．金融研究，2009（6）：44－59.

［27］潘锡泉，项后军．人民币升值能够有效抑制通货膨胀吗？基于内生机构突变协整方法的汇率传递视角［J］．国际金融研究，2010（12）：13－20.

［28］冉光和，李涛，胡菁芯．国外出口商定价能力与汇率传递方向［J］．国际贸易问题，2016（2）：156－166.

［29］施建淮，傅雄广，许伟．人民币汇率变动对我国价格水平的传递［J］．经济研究，2008（7）：52－64.

［30］孙静娟，丘书俊．我国经济增长与通货膨胀相互关系的实证研究［J］．深圳大学学报（人文社会科学版），2012，29（3）：114－120.

［31］田广杰．通胀水平和汇率波动对汇率传递影响的实证研究［J］．物流工程与管理，2014（8）：165－167.

［32］王仁言．人口年龄结构、贸易差额与中国汇率政策的调整［J］．世界经济，2003（9）：3－9.

［33］项后军，许磊．汇率传递与通货膨胀之间的关系存在中国的“本土特征”吗？［J］．金融研究，2011（11）：74－87.

［34］谢博婕．汇率制度与人民币汇率传递效应研究——基于ARDL模型的实证分析［D］．北京：对外经济贸易大学，2014.

［35］谢博婕，西村友作，门明．汇改前后人民币汇率传递效应研究——基于ARDL模型的实证分析［J］．中央财经大学学报，2013，12：30－36.

［36］谢博婕，西村友作，门明．汇率传递与国内物价水平关系研究——基于非对称性视角［J］．北京工商大学学报（社会科学版），2014，29（2）：46－51.

［37］熊正德，文慧，凌语蓉．基于时频分析的农产品期货市场与外汇市场联动关系研究［J］．中国管理科学，2013，21：

［38］许伟，傅雄广．人民币名义有效汇率对进口价格的传递效应研究［J］．金融研究，2008（9）：77－90.

［39］杨宇俊，门明，李伟平．人民币汇率变动对国内价格的传递效应

[J]. 山西财经大学学报，2009 (2)：40 - 46.

[40] 叶茂升，肖德. 人民币兑美元汇率升值对我国输美纺织品价格的影响——基于汇改前后的比较研究 [J]. 国际商务，2011 (6)：50 - 59.

[41] 易纲，范敏. 人民币汇率的决定因素及走势分析 [J]. 经济研究，1997 (10)：26 - 35.

[42] 尹晓娜，李静萍，苏志伟. 人民币汇率对我国进口价格的传递效应研究——基于拔靴滚动因果方法 [J]. 云南财经大学学报，2020 (3)：67 - 78.

[43] 张纯威. 人民币升值抑制通胀效应的实证检验 [J]. 财贸经济，2008 (7)：63 - 69.

[44] 张天顶，钟雨汝，唐夙. 垂直分工、进口价格及人民币汇率传递效应 [J]. 国际商务（对外经济贸易大学学报），2019 (5)：103 - 115.

[45] 朱亚莉. 汇率变动的不完全传递、FDI 和货币政策效应计量研究 [D]. 吉林：吉林大学，2013.

[46] Al - Abri S., Goodwin K. Reexaming the Exchange Rate Pass - through into Imports Prices Using Non - linear Estimation Technique: Threshold Cointergratin [J]. International Review of Economics and Finance, 2007, 9: 1 - 20.

[47] Anders S., Fedoseeva S. Quality, Sourcing, and Asymmetric Exchange - rate Pass - through into US Coffee Imports [J]. Journal of Agricultural and Resource Economics, 2017, 42 (3): 372.

[48] Athukorala P. Exchange Rate Pass - through: The Case of Korean Exports of Manufactures [J]. Economics Letters, 1991, 35: 79 - 84.

[49] Baldwin R. E. Hysteresis in Import Prices: The Beachhead Effect [J]. American Economic Review, 1988, 78 (4): 773 - 785.

[50] Banerjee A., Dolado J, Mestre R. Error - Correction Mechanism Tests for Cointegration in a Single - Equation Framework [J]. Journal of Time Series Analysis, 1998, 19 (3): 267 - 283.

[51] Barth J. R., Tatom J. A., Yago G. China's Emerging Financial Mar-

kets Challenges and Opportunities [M]. New York: Springer, 2009.

[52] Blonigen B. A., Haynes S E. Antidumping Investigations and The Passthrough of Antidumping Duties and Exchange Rates [J]. American Economic Review, 2002, 92 (4): 1044-1061.

[53] Bloomfield D., Mcateer R, Lites B, et al. Wavelet Phase Coherence Analysis: Application to a Quiet-Sun Magnetic Element [J]. The Astrophysical Journal, 2004, 617: 623-632.

[54] Boz E. Sovereign Default, Private Sector Creditors, and the IFIs [J]. Journal of International Economics, 2011, 83 (1): 70-82.

[55] Brun-Aguerre R., Fuertes A., Greenwood-Nimmo M. Heads I Win Tails You Lose: Asymmetry in Exchange Rate Pass-through into Import Prices [J]. Journal of the Royal Statistical Society Siries A (Statistics in Society), 2017, 180 (2): 587-612.

[56] Bussiere M. Exchange Rate Pass-through to Trade Prices: The Role of Nonlinearities and Asymmetries [J]. Oxford Bulletin of Economics and Statistics, 2013, 5: 731-758.

[57] Campa J. M., Goldberg L. S. Exchange Rate Pass-through into Import Prices: A Macro or Micro Phenomenon? [R]. National Bureau of Economic Research, 2002.

[58] Campa J. M., Goldberg L. S. Exchange Rate Pass-through into Import Prices [J]. Review of Economics and Statistics, 2005, 87 (4): 679-690.

[59] Cassel G. Money and Foreign Exchange after 1914 [M]. New York: The Macmillan Company, 1922.

[60] Cheikh N. B. Asymmetric Exchange Rate Pass-through in the Euro Area: New Evidence from Smooth Transition Models [R]. Discussion Paper, 2012.

[61] Chew J., Ouliaris S, Tan S M. Exchange Rate Pass-through Over the Business Cycle in Singapore [R]. IMF Working Papers No. 141, 2011.

[62] Chou K. W. Re – examining the Time – varying Nature and Determinants of Exchange Rate Pass – through into Import Prices [J]. North American Journal of Economics and Finance, 2019, 49: 331 – 351.

[63] Choudhri E. U., Hakura D. Exchange Rate Pass – through to Domestic Prices: Does the Inflationary Environment Matter [J]. Journal of International Money and Finance, 2006, 25: 614 – 639.

[64] Correa A., Minella A. Nonlinear Mechanisms of Exchange Rate Pass – through: A Phillips Curve Model with Threshold for Brazil [R]. Central Bank of Brazil Working Paper No. 122, 2006.

[65] Devereux M. B., Yetman J. Price – setting and Exchange Rate Pass – through: Theory and Evidence [R]. HKIMR Working Paper No. 22, 2002.

[66] Dornbusch R. Exchange Rates and Prices [J]. American Economic Review, 1987, 77 (1): 93 – 106.

[67] Feinberg R. M. The Interaction of Foreign Exchange and Market Power Effects on German Domestic Prices [J]. Journal of Industrial Economics, 1986, 35 (1): 61 – 70.

[68] Feinberg R. M. The Effects of Foreign Exchange Movements on U. S. Domestic Prices [J]. The Review of Economics and Statistics, 1989, 71 (3): 505 – 511.

[69] Fisher E. A. Model of Exchange Rate Pass – through [J]. Journal of International Economics, 1989, 26 (1): 119 – 137.

[70] Gabor D. Theory of Communication [J]. Journal of the Institute of Electrical Engineers, 1946, 93: 429 – 457.

[71] Gencay R., Selcuk F., Whitcher B. Differentiating Intraday Seasonalities Through Wavelet Multi – scaling [J]. Physica A: Statistical Mechanics and its Applications, 2001, 289 (3): 543 – 556.

[72] Gencay R., Selcuk F., Whitcher B. Scaling Properties of Foreign Exchange Volatility [J]. Theoretical and Statistical Physics, 2002, 289 (1): 249 – 266.

[73] Ghosh A., Wolf H. Imperfect Exchange Rate Pass - through: Strategic Pricing and Menu Costs [R]. CESifo Working Paper No. 436, 2001.

[74] Gil - Pareja S. Exchange Rates and European Countries' Export Prices: An Empirical Test for Asymmetries in Pricing to Market Behavior [J]. Weltwirtschatliches Archive, 2000, 136: 1 - 23.

[75] Gil - Pareja S. Pricing to Market Behavior in European Car Markets [J]. European Economic Review, 2003, 47 (6): 945 - 962.

[76] Goldberg P. K. Product Differentiation and Oligopoly in International Markets: The Case of the U. S. Automobile Industry [J]. Econometrica, 1995, 63 (4): 891 - 951.

[77] Goldberg P. K., Knetter M. M. Goods Prices and Exchange Rates: What have We Learned? [J]. Journal of Economics Literature, 1997, 35 (3): 1243 - 1272.

[78] Goldfajn I., Werlang S. The Pass - through from Depreciation to Inflation: A Panel Study [R]. Working Paper Series No. 5, 2000.

[79] Grassman S. Exchange Reserves and the Financial Structure of Foreign Trade [M]. England: Saxon House, 1973.

[80] Grinsted A., Moore J. C., Jevrejeva S. Application of the Cross Wavelet Transform and Wavelet Coherence to Geophysical Time Series [J]. Nonlinear Process Geophysics, 2004, 11: 561 - 566.

[81] Ha J., Stocker M. M., Yilmazkuday H. Inflation and Exchange Rate Pass - through [J]. Journal of International Money and Finance, 2020, 105.

[82] Hansen B. E. Inference When a Nuisance Parameter is not Identified under the Null Hypothesis [J]. Econometrica, 1996, 64: 413 - 430.

[83] Hansen B. E. Threshold Effects in Non - dynamic Panels: Estimation, Testing and Inference [J]. Journal of Eeonometries, 1999, 93 (2): 345 - 368.

[84] Hansen B. E. Sample Splitting and Threshold Estimation [J]. Econometrica, 2000, 68: 575 - 603.

[85] Herzberg V., Kapetanios G., Price S. Import Prices and Exchange

Rate Pass – through: Theory and Evidence from the United Kingdom [R]. Bank of England Working Paper No. 182, 2003.

[86] Holmes P. M. Industrial Pricing Behaviour Arid Devaluation [M]. London: Macmillan, 1978.

[87] Hooper P., Mann C. Ex – change Rate Pass – through in the 1980s: The Case of U. S. Imports of Manufactures [C]. Brookings Papers on Economic Activitiy, 1989, 1: 297 – 337.

[88] Hudgins L., Friehe C., Mayer M. Wavelet Transforms and Atmospheric Turbulence [J]. Physical Review Letters, 1993, 71 (20): 3279 – 3282.

[89] Hudgins F. P, Schroder M. Exchange Rate Pass – through to Consumer Prices: a European Perspective [R]. ZEW Working Paper No. 02 – 20, 2002.

[90] Ihrig J. E., Mario M., Alexander D. R. Exchange – rate Pass – through in the G – 7 Countries [R]. International Finance Discussion Paper No. 851, 2006.

[91] Ito T., Sato K. Exchange Rate Changes and Inflation in Post – crisis Asian Economies: VAR Analysis of the Exchange Rate Pass – through [R]. NBER Working Paper No. 12395, 2006.

[92] Jin X. An Empirical Study of Exchange Rate Pass – through in China [J]. Pano Ecomomicus, 2012, 2: 135 – 156.

[93] Kadiyali V. Exchange Rate Pass – Through for Strategic Pricing and Advertising: An Empirical Analysis of the Photographic Film Industry [J]. Journal of International Economics, 1997, 43: 437 – 461.

[94] Kassi D. F, SUN G, DING N, et al. Asymmetry in Exchange Rate Pass – through to Consumer Prices: Evidence from Emerging and Developing Asian Countries [J]. Economic Analysis and Policy, 2019, 62: 357 – 372.

[95] Khalaf L., kichian M. Testing for Structural Breaks in Covariance: Exchange Rate Pass – through in Canada [J]. Working Paper, 2005.

[96] Khundrakpam J. K. Economic Reforms and Exchange Rate Pass –

through to Domestic Prices in India [R]. BIS Working Paper No. 225, 2007.

[97] Kim K – H. US Inflation and the Dollar Exchange Rate: A Vector Error Correction Model [J]. Applied Economies, 1998, 30: 613 – 619.

[98] Knetter M. M. Is Export Price Adjustment Asymmetric? Evaluating the Market Share and Marketing Bottlenecks Hypothesis [J]. Journal of International Money and Finance, 1994, 13: 55 – 70.

[99] Kreinin M. The Effect of Exchange Rate Changes on the Prices and Volume of Foreign Trade [J]. IMF Economic Review, 1977, 24 (2): 297 – 329.

[100] Krugman P. Pricing to Market When the Exchange Rate Changes [M]. Cambridge: MIT Press, 1987.

[101] Lawrence R. Z. U. S. Current Account Adjustment: An Appraisal. [J]. Brookings Papers on Economic Activity, 1990, 2: 343 – 392.

[102] Mann C. L. Prices, Profits Margins, and Exchange Rates [J]. Federal Reserve Bulletin, 1986, 72 (1): 366 – 379.

[103] Marazz M., Sheets N. Declining Exchange Rate Pass – Through to US Import Prices: The Potential Role of Global Factors [J]. Journal of International Money and Finance, 2007, 26 (6): 924 – 947.

[104] Maria – Dolores R. Exchange Rate Pass – through in New Member States and Candidate Countries of the EU [J]. International Review of Economics and Finance, 2010, 19 (1): 23 – 35.

[105] Masha I., Park C. Exchange Rate Pass – through to Prices in Maldives [R]. IMF Working Paper No. 126, 2012.

[106] Mccarthy J. Pass – Through of Exchange Rates and Import Prices to Domestic Inflation in Some Industrialized Economies [R]. BIS Working Papers No. 79, 1999.

[107] Obstfeld M., Rogoff K. New Directions for Stochastic Open Economy Models [J]. Journal of International Economics, 2000, 20: 117 – 153.

[108] Olivei G. P. Exchange Rates and the Prices of Manufacturing Products Imported into the United States [J]. New England Economic Review, 2002, first

quarter: 3 –18.

[109] Orphanides A. Monetary Policy Rules, Macroeconomic Stability and Inflation: A View from the Trenches. [R]. European Central Bank Working Paper No. 0115, 2001.

[110] Pennings S. Pass – through of Competitors' Exchange Rates to US Import and Producer Prices [J]. Journal of International Economics, 2017, 105: 41 –56.

[111] Pesaran M. H., Shin Y, Smith R J. Bounds Testing Approaches to the Analysis of Long – run Relationships [R]. Cambridge Working Papers in Economics 9907, 1999.

[112] Pesaran M. H., Shin Y, Smith R. Bounds Testing Approaches to the Analysis of Level Relationships [J]. Journal of Applied Econometrics, 2001, 16: 289 –326.

[113] Pollard P. S., Coughlin C C. Size Matters: Asymmetric Exchange Rate Pass – through at the Industry Level [R]. Federal Reserve Bank of Saint Louis Working Paper No. 2003 –29C, 2004.

[114] Przystupa J., Wrobél E. Asymmetry of the Exchange Rate Pass – through: An Exercise on the Polish Data [J]. Eastern European Economics, 2011, 49 (1): 30 –51.

[115] Ramsey J. B., Lampart C. The Decomposition of Economic Relationships by Time Scale Using Wavelets: Money and Income [J]. Macroeconomic Dynamics, 1998a, 2 (1): 49 –71.

[116] Ramsey J. B., Lampart C. The Decomposition of Economic Relationships by Time Scale Using Wavelets: Expenditure and Income [J]. Studies in Nonlinear Dynamics and Econometrics, 1998b, 3: 23 –42.

[117] Ramsey J. B. Wavelets in Economics and Finace: Past and Future [J]. Studies in Nonlinear Dynamics and Econometrics, 2002, 6: 1 –27.

[118] Rudebusch G. D. Monetary Policy Inertia: Fact or Fiction? [J] International Journal of Central Banking, 2006, 2 (4): 85 –135.

[119] Savoie – Chabot L., Khan M. Exchange Rate Pass – through to Consumer Prices: Theory and Recent Evidence [R]. Bank of Canada Discussion Paper 2015 – 9, 2015.

[120] Shin Y., Yu B., Green Wood – Nimmo M. J.. Modelling Asymmetric Cointegration and Dynamic Multipliers in a Nonlinear ARDL Framework [M]. New York: Springer Science & Business Media, 2014.

[121] Shu C., Su X. J., Chow N. Exchange Rate Pass – through in Mainland China [R]. HKMA China Economic Issues Working Paper No. 1, 2008.

[122] Taylor J. B. Low inflation, Pass – through, and the Pricing Power of Firms [J]. European Economic Review, 2000, 44 (7): 1389 – 1408.

[123] Tica J., Posedel P. Threshold Model of the Exchange Rate Pass – through Effect the Case of Croatia [J]. Eastern European Economics, 2009, 47 (6): 43 – 59.

[124] Tong H. On a Threshold Model [M]. Amsterdam: Sijhoff and Noordhoff, 1978.

[125] Torrence C., Compo G. A Practical Guide to Wavelet Analysis [J]. Bulletin of the American Meteorological Society, 1998, 79: 61 – 78.

[126] Webber A. Newton's Gravity Law and Import Prices in the Asia Pacific [J]. Japan and World Economy, 2000, 12 (1): 71 – 87.

[127] Wickremasinghe G., Silvapulle P. Exchange Rate Pass – through to Manufactured Import Prices: The Case of Japan [J]. EconWPA, International Trade, 2004, 1: 1 – 26.

[128] Woo W. Exchange Rates and the Prices of Nonfood, Nonfuel Products [C]. Brookings Papers of Economic Activities, 1984, 2: 30 – 511.

[129] Yang J. Exchange Rate Pass – through in US Manufacturing Industries [J]. Review of Economics and Statistics, 1997, 79 (1): 95 – 104.

[130] Zorzi M. C., Hahn E., Sanchez M. Exchange Rate Pass – through in Emerging Markets [R]. European Central Bank Working Paper No. 739, 2007.

后　记

本书是在我的博士毕业论文的基础上加以修改完善而成的，虽一直想将此论文进行修订出版，然而毕业后工作繁忙，琐事不断，便耽搁至今。有幸今年获得湖北经济学院的出版资助，便总算是将此书稿完成，在此感谢湖北经济学院对我的帮助与培养。

回想起 2016 年从武汉的寒冬一直写到酷暑的博士毕业论文的那段时光，感触颇多。博士论文经历了诸多波折，期间换过几次题目，实际写成字数将近 30 万字之多，然而不断推翻重写，多个月的废寝忘食，直到最后一刻都坚持修改完善，终于完成了博士毕业论文的写作，并获得了一致认同和良好的成绩。当得知毕业论文顺利通过的时候，忍不住喜极而泣，终于没有辜负自己的努力与坚持。在这期间，是父母亲人和朋友的陪伴与鼓励，让我度过了最艰难的那段时光。犹记得我与高耿子博士和王凌伟博士一起熬夜一起努力的那些日子，也记得同学们在最后对我的帮助，点点滴滴都感恩于心。感谢导师江春教授在这三年时间对学术和人生的指导，让我能够独立行走在今后的道路上。也要特别感谢台湾逢甲大学的张仓耀教授和青岛大学的苏志伟教授，在我的博士学习期间传授了相当宝贵的知识。更特别要感谢彭红枫教授曾经对这篇论文给予的关键意见，才让我顺利地找到了写作的方向。

离开武大后，湖北经济学院给了我前进的方向，在这里我的教学科研水平都得到了极大的提高。要特别感谢在那个炎热的暑假结识了彭芸教授，一直以来她的关心和帮助都给予了我极大的动力，让我深受鼓舞和感动。也要感谢初进学校时张世晓教授、林江鹏教授给予我的科研指导，成为我踏进课题写作门槛的引路人。另外，十分感谢许传华院长在金融学院对我的理解与关怀，感谢李毅副院长、李正旺副院长和杨申燕副院长对我这位“青椒”在成长道路上的扶持。也要感谢湖南大学杨胜刚副校长的科研团队，让我能够继续在高水平科研领域学习深耕。

另外，非常感谢经济科学出版社的何宁编辑、孙丽丽编辑和其他编辑的共同努力，为我能够顺利出版该著作作出了巨大贡献。还有一些没能一一提及的名字均感恩于心，让我更加努力不负他们的期待。

张仓耀教授曾经送给我一块挂牌，上面书写着刚劲有力的四个大字“学无止境”，我一直悬挂在书桌上方，时刻提醒着自己学习的道路漫漫，这将是我一生的追求。

王　怡

2020 年夏于湖北经济学院桂苑